NÀDAR DE
Some Kind Of

PÀDRAIG MACAOIDH
Peter Mackay

NÀDAR DE
Some Kind Of

PÀDRAIG MACAOIDH
Peter Mackay

 Riaghladair Carthannais na h-Alba
Carthannas Clàraichte/
Registered Charity SC047866

A' chiad fhoillseachadh ann an 2020 le Acair
An dàrna foillseachadh ann an 2025 le Acair
An Tosgan, Rathad Shìophoirt, Steòrnabhagh, Eilean Leòdhais HS1 2SD

www.acairbooks.com
info@acairbooks.com

Na còirichean uile glèidhte. Chan fhaodar pàirt sam bith dhen leabhar seo no dhen mheanbh-chlàr ath-riochdachadh ann an cruth no ann an dòigh sam bith grafaigeach, eleactronaigeach, meacanaigeach no lethbhreacach, teipeadh no clàradh, gun chead ro-làimh ann an sgrìobhadh bho Acair.

© na bàrdachd aig Pàdraig MacAoidh 2020
© an deilbh-còmhdaich aig Acair
© deilbh an ùghdair aig Anne Mueck

Dealbhachadh an teacsa agus an còmhdach Fiona Rennie às leth Acair.

Tha Acair mothachail air riatanasan an Aonaidh Eòrpaich a thaobh GPSR.

Chuidich Comhairle nan Leabhraichean am foillsichear
le cosgaisean an leabhair seo.

Tha Acair a' faighinn taic bho Bhòrd na Gàidhlig.

Gheibhear clàr catalog CIP airson an leabhair seo ann an Leabharlann Bhreatainn.

Clò-bhuailte le Hobbs, Hampshire, Sasainn

LAGE/ISBN 978-1-78907-046-0

'S ann à Leòdhas a tha Pàdraig MacAoidh, agus tha e a' fuireach ann a Dun Èideann. Tha e cuideachd air sgrìobhadh *From Another Island* (Clutag, 2010), *Sorley MacLean* (RIISS, 2010), *Gu Leòr / Galore* (Acair, 2015) agus *This Strange Loneliness: Heaney's Wordsworth* (McGill-Queen's University Press, 2021).

Tha e na co-dheasaiche air *Sùil air an t-Saoghail* (Clo Ostaig, 2013), *An Leabhar Liath* (Luath, 2015), *100 Dàn as Fheàrr Leinn* (Luath, 2020) agus *The Golden Treasury of Scottish Verse* (Canongate, 2021)

Ann an 2024 chaidh ainmeachadh mar Makar na h-Alba.

Peter Mackay is from Lewis and lives in Edinburgh. He is also the author of *From Another Island* (Clutag, 2010), *Sorley MacLean* (RIISS, 2010), *Gu Leòr / Galore* (Acair, 2015) and *This Strange Loneliness: Heaney's Wordsworth* (McGill-Queen's University Press, 2021).

He is the co-editor of *Sùil air an t-Saoghail* (Clo Ostaig, 2013), *An Leabhar Liath* (Luath, 2015), *100 Dàn as Fheàrr Leinn* (Luath, 2020) and *The Golden Treasury of Scottish Verse* (Canongate, 2021)

In 2024 he was named Scottish Makar.

Na bhios sinne ag ainmeachadh mì-rian agus sgrios, bidh an òigridh a' gabhail ris mar òrdugh nàdarra chùisean

    Maurice Merleau-Ponty

It is in vain to dream of a wilderness distant from ourselves. There is none such. It is the bog in our brain and bowels, the primitive vigour of Nature in us, that inspires that dream

    Henry David Thoreau

That is all my bum, said Brinsley

    Flann O'Brien

Impenetrable Lynchian Title Sequence

It's the Quirang, the border of night,
a Mustang rolls smoothly up the road.
The world's the deepest shade of woad,
and the car engine's silent, it has no lights.
It's filled with brine – oh filial reverence! –
to the brim, and a Blue Man
of the Minch is lashed to the wheel
to stop him slipping out of his skin.

Magic Trees sway kelplike in the tide
of this ghost car rolling, silent, up the hill,
forever coming nearer. The blue man hinched
within an inch can't close his barnacle eyes.
Something thuds in the boot of the car:
a stone-like creature scrabbling for air,
against the bounds of law and his merits.
Doors that have opened now can't close

the nothing of those tide-filled eyes.
Something thuds – thuds – in the boot of the car.
There's nothing so horrific as repetition,
that crablike scrabbling for more. Nothing
is hidden well knows. In the jibbing tide,
a sea-scoured Mustang meshed to a man
rolls for a lifetime through the Quirang,
never coming nearer.

Dàin *Poems*

I
Comunn / *Common* — 14
Canal an Aonaidh / *Union Canal* — 16
Depthcharges — 20
Daltachas / *Fosterage* — 22
Morgellons — 24
Run Silent, Run Deep — 26
Beart / *Loom* — 28
Beul-aithris / *Oral History* — 30
O Mo Nàire / *Shame* — 34
An Luchd-Coimhead / *The Watchers* — 36
Gille / *Ghillie* — 38
An Suidheachadh as Fheàrr airson an Dàn
   seo a Leughadh — 40
   The Ideal Conditions for Reading this Poem
Gobha nan Glasan / *The Locksmith* — 42
As it were — 44
Clarification — 45
Un futuro en camino — 46
Creachann / *Scallop* — 48
i.m Sandy Hutchison — 50

II
Breug Còsagach / *A Hyggelig Lie* — 54
Operation Cauldron — 56
Operation Hesperus — 58
Geographical Exclusions Apply — 60
Adhartas / *Progress* — 64
An Suidheachadh as Fheàrr airson an Dàn
   seo a Leughadh — 66
   The Ideal Conditions for Reading this Poem

Òran-Tàlaidh / *Lullaby*	68
Beathaichean Coille an Fhàrdain	70
Animals of Farthing Wood	
Na dh' ionnsaich mi o bhith ag obair ann an cidsin	72
What I learnt from working in kitchens	
Bucardo	74
Sìoda / *Silk*	76
Com / *Torso*	78
Parkour	80
Sù Marbh / *Dead Zoo*	82
Leenaun	84
An dèidh dàn gaoil	86
Homeopathy	87
Ciad Dreach / *First Draft*	88
Air Eadar-Theangachadh on Tùs	90
Translated from the Original	
Beàrn sa Chunntas-Sluaigh / *Gap in the Census*	92
Banais Ghàidhealach / *Highland Wedding*	94
Trèan-ri-trèan / *Corncrake*	96
Crìoch na h-Ìompaireachd / *The End of Empire*	98
Spirochaete	100
Coille / *Forest*	104
Prìobadh na Sùla / *Punctum*	106
Maois (n.)	108

III

An Suidheachadh as Fheàrr airson an Dàn seo a Leughadh	112
The Ideal Conditions for Reading this Poem	
Baresi	114
Nàdar de Mhìorbhail / *Something of a Sensation*	116
Atlanta, Georgia	118
Hotel Nacional de Cuba	120
The Great Exhibition	122
Operation Cauldron	124
Nàdar de / *Some kind of*	126
Air Eadar-Theangachadh on Tùs	128
Translated from the Original	
Saorsainneachd / *Redemption*	132
Tiotalan Deireannach / *End Credits*	136
Ma tha air ruighinn cho fada seo	140
If you've got this far	

Comunn

Tha mo mhàthair air falbh ann an *hpzz*,
's tha feum aice fònadh air ais air a' mhobile:
tha an dealain dheth air feadh Leòdhais,
agus ged a bha i ag innse dhomh mu bhuill

a' Chomuinn Eachdraidh 's na lunchan tìodhlacaidh,
a-nis chan eil i idir toirt feart sam bith dhomh,
's cha mhòr nach eil mi ga faicinn aig an uinneig
a' coimhead air na snàithean dorch' a' tòrradh sa bhaile,

a' breacadh dubhghorm an t-slaod dhan traigh,
's i na tost, seach *hum* is *haugh*,
's na toirdsichean 's lòchrain a' lannraich – dhà, tri –
thar Baile an Truiseil 's Mullach an Tòil.

Common

My mother is gone in a *hpzz*
and has to call back on her mobile:
there's a power cut all across Lewis,
and though she'd been in the middle

of the Comunn Eachdraidh's funeral lunches,
now I barely have her attention
and can almost see her at the window ledge
watching unpickable threads of dark pattern

the village's long black drip to the sea,
silent except for *hums* and *haws*,
as torches and paraffin lamps flit – twos and threes –
across Baile an Truiseil and Mullach an Tòil.

Canal an Aonaidh

B'ann air a' phìos seo de mhac-meanma
Thomas Telford a chunnaic John Scott Russell

an soliton, 'tonn an eadar-theangachaidh',
marbh-shruth a bhris fon bhàt 's a chum a' dol

na ruith gun lagachadh fad a' chanail.
Lean Russell e, air each, dà mhile, fad gach

lùb 's car a' chladhain: 'a singular, beautiful
phenomenon' a dh'fhàg, gun teagamh,

a chinnt ann an Newton luaisgte. Mar esan,
tha an t-àite-sa a' faireachdainn seachad air rudeigin,

le cothrom air maireannachd gun iarraidh
ann an saoghal a bha, 's a tha, 's bu chòir a bhith na fhlusg.

Tha gaothan dìthidh stoirm Jonas a' piocadh
a' chanail, pocannan plastaig a' tathaich

nan cuilcean, a' dèanamh cailleach an dùdain.
Tha lachan a' dabhdail thall dhan a' bhruaich eile

air uisge luaineach, a' siubhail bho shiar gu sear
gun iùl, agus a' dol ann luath. Gu bràth

cha dèan iad uisge-beath' ann an Lochrin,
às an tug an teine ann an 1801

Union Canal

It was on this stretch of Thomas Telford's
imagination that John Scott Russell first saw

the soliton, his 'wave of translation',
a wake that broke free from its boat and hurried on,

running the length of the canal without weakening.
Two miles Russell tracked it on horseback,

along the windings of the channel: a 'singular,
beautiful phenomenon' that must have shaken

his certainty in Newton. Like him, the place feels post-
something, a new-found possibility of permanence

in a world where all was, is, should be, flux.
The last winds of storm Jonas pick the canal;

plastic bags ghost in and out of the reeds;
ducks scut to the opposite banks across

water that, restless, from west to east
is going nowhere, quickly. Never again

will they make whisky in Lochrin
where the fire in 1801 carried the smell

of burning malt from the distillery
to the mills of Balerno, the farmworkers

fàileadh bràch' air losgadh on taigh-stail'
gu muileann Bhaile Àirneach 's mànas Niddrie Mains.

Gu bràth cha gheàrr na sgalagan an coirce
dhan adag misgte mu dheireadh.

Tha na muilnean 's am mànas 's an taigh-charbadan
uile nam flataichean: breigichean dearg maol

a leigeas a-steach an t-uisge. Cha neònach e.
Thig caochladh air gach cùis. Tha soidhne *Virgin Active*

a' priobadh air, ar tighearnan coma a' crìonadh air falbh.
Taobh a-muigh, air na clachan-càsaidh

tha bhana geal a' stad, a' tilleadh 's a teicheadh.
(Gidheadh, ann an dlùth-choman dùr air choireigin,

tha an cèardach 2-bit an ath-dhorais
a' cumail a-dol gu suarach a' gliongadh).

of Niddrie Mains. Never again will those girls
cut the barley to the last drunken stook.

Those mills and farms are flats, so too the carriageworks,
blunt conversions that let in the rain. Howsobeit.

All must change. The *Virgin Active* sign pricks up,
our flying fucks scoot off to pastures new.

On the cobbled-street outside, white vans stop,
reverse, are gone. (Nevertheless, next door,

in some kind of cussed solidarity,
a 2-bit fabrication yard clanks on).

Depthcharges

Bhiodh Grandad a' tighinn a-steach on cheàrdach
gus ar sùilean a chleachdadh, an snàithlean
air sgiolcadh on snàthad, agus a chuid fhoighidinn
le bhith coimhead neoni a' figheadh neoni
air fhuasgladh on spàl. San dorchadas
bhiodh e faicinn cròithean-snàthaide drùidhte
air a ruisgean. Cha robh Gàidhlig aige.
Bha Gàidhlig gu leòr aig' airson nan cait
's nan con, gus an sgaoileadh 's am biathadh gu seòlta.
B' urrainn dha an nighean fhaicinn nar màthair.
Bhiodh e a' giùlain samplairean breacain a-steach
dha na fir a bha air am fàgail a' gabhail
tì ro mhilis air an radiator.
Ghabhadh e depthcharges e fhèin.
Bha e anns a' chogadh ann an Afraga
a bhiodh e a' toirt às an toinneamh
mu dheireadh thall an dèidh dha Granaidh caochladh
aon fheasgar lino, agus bhiodh e gan cuimhneachadh
mar na bliadhnaichean as fheàrr dhe bheatha,
anns na bliadhnaichean mu dheireadh aige,
san sìneadh fhada sin de thìde.
Bha e doirbh dha luchd-reic leathair a lorg
anns a chuireadh e earbsa, neo putain san robh
an cuideam ceart. B' ann leis-san a-mhàin
a bha an ceàrdach, fuar agus laiste le cinnt Dhè.
B' ann leis-san a bha an Dia cuideachd.
Bhiodh an antimacassar a' slìobadh sìos
air cùl a dhroma agus e ag èisteachd ri Countdown
leis an fhuaim àrd. Na bhanntrach dh'ionnsaich e
am microwave agus a' dèanamh às aonais.
Bhiodh e seinn *My Brother Sylveste, a row of 40 medals on his chest.*
Ga h-ath-ghabhail fhèin. A' giùlain an fhèilidh
's an snàthaid mar leanabh a-mach às an taigh,
snàithlean do-fhaicsinneach a' dearbhadh toll do-fhaicsinneach.

Depthcharges

Grandad would come in from the workshop
to borrow our eyes, the thread having slipped
from the needle and his patience at staring
at nothing passing nothing having unwound
from its spool. In the dark he'd see the eyes
of needles pressed on the inside of his lids.
He had no Gaelic. He had enough Gaelic
for the dogs and cats, to shoo them in, to feed them sneakily.
He could see the young girl in our mother.
He'd carry swatches of tartan in to the men left perched
drinking oversweet tea on the rusting heater.
He took depthcharges himself. He had served
in the war in Africa he would finally unreel
when our grandmother died one linoleum afternoon
and would remember it as the happiest time of his life,
in those final years, that long fraying of the thread.
He found it hard in the end to get suppliers he trusted
for leather, or buttons that had the right weight.
The workshop was his space alone, cold and lit
with a certainty of God. The God was his too.
The antimacassar would slip down the back of his cushion
as he listened to Countdown with the volume high.
A widower, he learned to microwave and make do.
He sang *My Brother Sylveste, a row of 40 medals on his chest.*
Repeated himself. Would cradle the kilt
and the threaded needle back out of the house,
invisible thread confirming an invisible hole.

Daltachas

Nuair a bhithinns' a' siubhal, bheirinn air ais dhuibh
an deoch as làidire 's saoire a lorgadh mi.
Cha do dh'iarr sibh i, ach thug mi dhachaigh
slivovitz, mil-deoch agus *Gammel Dansk*

airson dramaichean beaga searbh 's blasta.
Dh'fhulang sibh iad air an car as fheàrr,
na draoinean, na clach-sùilean, an spliathartachd.
Tha amharas agam a-nis nach b'e dhuibhs' a bh'ann idir,

's mi a' glanadh a-mach ur cidsin an dèidh 10 bliadhna,
sibhse 's na leannan-siubhail 'ud uile air falbh,
agus mi a' lorg nam botallan uile fhathast fon sionc,
cuid dhiubh leathach falamh, cuid leathach làn.

Fosterage

Whenever I travelled, I'd bring you back
the strongest cheap liquor I could find.
You never asked for it, but I'd unpack
slivovitz, honey-mead or *Gammel Dansk*

and pour small fierce nips for us to try.
You suffered it at best: the grimaces,
the grit eyes, the spluttering. I
now suspect it wasn't for you after all,

clearing out your kitchen ten years on,
both you and my fellow travellers long gone,
and I find the bottles still there under the sink,
some half empty, some half full.

Morgellons

Morris Traveller, air fhàgail air cùl na bàthcha:
cuis-nàire, lochd air sealladh nam bà
air a' mhonadh, an luchd-coiseachd
a' gabhail sios tro Ghraulin, agus Dia air a sgarpa.

Sna 80an, ann an ar-a-mach phunc,
chaidh cuideigin ris le spraycan dubh
agus tha e a-nis na sloc dorch sa bhoglach,

na bhodha, traoighte na fhèin,
an unibody aige – uinnseann 's cròm –
sgaoilte a-measg nam mòna.

Nuair a thèid an talamh a threabhadh a-rithist
le daoine nach eil buileach coltach rinne,
thig am bàrr gràinneanan dubh' 's liath',
mar bhoillsgean a bha deargte fon chraiceann.

Morgellons

Morris Traveller, dumped behind the byre:
an eyesore, a blight on the view of the cows
in the common grazing, the walkers at Graulin,
God on his escarpment.

In the 80s, in a punk rebellion,
it was spraycanned black –
and now it is a dark pit in the bog,

sunk in on itself, a blinder under the waves,
its unibody – ashwood and chrome –
dissolving among the reeds.

When the land is ploughed again
by people not quite like us
they'll turn up flecks of grey and black,
like glints of glitter damped beneath the skin.

Run Silent, Run Deep

> Memory is anything but a photographic record of experience;
> it is a roadway full of potholes, badly in need of repair, worked
> on day and night by revisionist crews.
>
> Laurence Kirmayer

Bha gaoid san tarmac air an rathad mhòr,
eag le neamhnaid morghain ann, ri taobh an lòn dìosail
's uisge a bha ann cha mhòr fad an t-siubhail,
far am biodh Tarmod Làsdaidh a' fàgail a bhus tron oidhche.
Poll a bhiodh a' sgaoileadh boghachan-frois thairis air na speuran.
Nuair a bha an t-uisge ann bhiodh an grinneil air chaothach,
a' rannsachadh crìochan a thìrlich dhuibh, a' toirt lidrigreadh
do na ballaichean, a' cur eagal air na bitheagan
a bha nam falach sna cnacan. Mì-mhodha.
Meirg mhall. Rèite claoidhte mu dheireadh thall.

Am feasgar ud bha Gable agus Lancaster air BBC2
ann an *Run Silent, Run Deep*, agus bha mise far na sgoile,
tinn, eadar mo chadal 's mo dhuisg air an t-sòfa ac',
ag èisteachd ri na clachan-meallain a' tuiteam sìos an t-similear,
blic blac air a' ghrèata iarann dhubh.
Chan eil cuimhn' agam fiu's air facal dheth,
ach air an deireadh nuair a tha an dà bhàta-aigeil,
Breatannach agus Gearmailteach, a' crochadh
gun fhuaim sa mhuir, na h-einnseanan aca dheth,
ag èisteachd son a chèile, agus a h-uile duine a' falbh
air an corpagaibh, a' tarraing anail ann an èiginn mall,
gus am buail spanair le *brag* air pìob agus chaidh nota
meatailt a' sgaoileadh ann an cuairteagan tron uisge.
Agus an uairsin: na h-einnseanan a' dèanamh glaodhar,
deigh a' plùsgadh sa chagailt, morghan a' gluasad na chadal.

Run Silent, Run Deep

> Memory is anything but a photographic record of experience;
> it is a roadway full of potholes, badly in need of repair,
> worked on day and night by revisionist crews.
>
> Laurence Kirmayer

There was a flaw in the tarmac on the main road,
a nick with a pearl of gravel in it, part
of the semi-permanent puddle of diesel and water
where Tarmod Làsdaidh parked his bus overnight.
A pool that spread tainted rainbows across the clouds.
When it rained, the grit in the hole would go berserk
and rampage around its stony demesne,
battering its head off walls, scaring the microbes
that lurked in the cracks in the tar. Niggling.
Slow corrosion. Exhausted settlement.

That afternoon Gable and Lancaster were on BBC2
in *Run Silent, Run Deep* and I was off school sick,
half-asleep on their couch, listening to the hail
tumble down the flue, *blic blac* on the scrubbed-clean grate.
Not a line of dialogue has stuck in my mind,
only the climax, when the two subs, Japanese and American,
were hanging silently in the water, their engines dropped,
listening for each other, for the slightest sound,
and everyone walking on tiptoes, inhaling desperately slowly
until a falling spanner clanks on a pipe, and a metal note
ripples out through the water. Ah, and then:
the engines kick in, the ice birrs in the hearth,
the grit moves in its sleep.

Beart

Air oidhche chiùin, bhiodh beart Dòmhnall Tobaidh
air chrith tron bhaile, ùrlar 's siubhal
a' spàil a' ruith tro inneach 's dlùth
na clòimhe blàthaichte, a' còrdadh na mòintich air fad na clò.

Bhiodh buille nan greallagan 's tionndadh a' bhobain
air an gèarradh, mar smuaintean nach deach
crìochnachadh mus do theich iad a dh'àirdean ùra.

Car an iomallan: bhiodh fiamh-datha
air thàrraing às a' ghrèin a shruthadh
a-steach tro dhèilean bheàrnach a sheada,
air thionail ann an stùr odhar 's fuigheagan uaine.

Dh' èisteamaid ris a' chlò ga chruthachadh fhèin
à sealladh, cha mhòr air a dhèanamh à *guddam-*
gadditch 's chan e càil a b' urrainn dhuinn dearbhadh.

Loom

On still evenings, Dòmhnall Tobaidh's loom
would beat through the village, the syncopation
of the shuttle running the warp and woof
of warmed wool, drawing the lazy glen into its tweed.

The beat of the treadles, the turn of the bobbin,
were always out of step, like thoughts not quite
finished before heading off in new directions.

A flick of the heddle: a fleck of colour
would be pulled from the sun that streamed
in through the loose planks of his shed,
gathered in the dust from the green and dun

of the threads. We would listen to the cloth
forming out of sight, made as much of *gaddum-
gadditch* as of anything we could touch.

Beul-aithris

nuair a stad sinn a' clàradh, lean thus' ort
a' bruidhinn mu eachdraidh nach robh freagarrach
airson cluasan cloinne. mu na daltaichean
a thàinig dhan eilean san dàrna chogadh,
nas fhiadhaich' buileach na shaoladh tu,
ablach, dìobhalach. mun trup a thòisich an eaglais
air fad a' labhairt anns na seachd teangan,
ach thu fhèin 's − taing do Dhia − d' fhear-pòsta
's cha deach sibh air ais a-rithist. mun *Iolaire*
agus gun a bhith a' bruidhinn mun *Iolaire*.
mu bhith air do shnàgaran air cùlaibh chruidh fad do bheatha,
o mhòinteach gu traigh, o chlàbar gu clàbar.
mar a bha e cunnartach dha clann-nighean
a bhith a-muigh air a' mhòinteach nan aonar.
mu cho diabhalta 's nas miosa na bha idir dùil agad
a bha beatha mhic-an-duine. mun dòigh a bhòc aois
d'adhbrannan gus do ghràs a shlugadh
gus do cheuman iullagach dhan tràigh a mhilleadh

agus fiù's nuair a phac sinn ar n-uidheamachd air falbh
agus thill sinn dha na bun-sgòiltean, na colaistean, na stiùideothan,
agus dh' fhàs sinn aost' agus pòst' agus marbh mar thu fhèin,
lean thu ort a' bruidhinn, d' fhaclan a' seatlaigeadh
anns a' phlywood agus an stùr àirneis, sna h-antimacassars,
ged a bha d' èideadh mhuinntireis fada ro bheag dhut a-nis,
air iarnaichte a-measg nan cnòthan-leòmainn
ann an drathairean nach tèid fhosgladh gu bràth
leis gun deach iad a threabhadh dhan ùir a phòs thu,
còmhla ris a' choncrait dhòirte, iarann preasach,
leacan na sguillearaidh, an trannsa fon tàlamh,

Oral History

when we stopped recording, you carried on telling tales
unsuitable for our primary school-ears. about
the evacuees to the islands during World War II,
wilder than you could imagine, *damaged*.
about the time the whole damned church spoke
in tongues except you and – thank God –
your husband and neither of you ever went back.
about the *Iolaire*. and not talking about the *Iolaire*.
about scrabbling around after cows and sheep
most of your life, from shore to shieling, from dirt to dirt.
about how it wasn't rightly safe for girls to go
to the moor by themselves. about how hellish,
much worse than you imagined, life could be.
about how age had swollen up your ankles
and swallowed all your grace, taken away
your lightstepping to the shore

and even after we had packed up the equipment
gone back to our primary schools, colleges, studios,
had aged and married and died, like you yourself,
you went on talking, words settling in the plywood
and furniture dust, the antimacassars and service
clothes pressed and far too small for you now
in mothballs in never-to-be-opened drawers,
that were ploughed into the soil you married
into, along with the poured-concrete, corrugated iron,
scullery stones, subterranean passage,

pàipear-balla breac le taiseachd, agus leapannan
agus sèithrichean agus sgàthanan ris an do chaomhain
sibh sgillinean 's nòtaichean, a ghiùlain sibh thairis
air a' mhòinteach à Steòrnabhagh, agus a dh'fhàg sibh
ri mì-fheart agus crìonadh, gus an do leag agus spad
an digear gach bloigh agus spealg mu dheireadh dhiubh
airson a' ghàrradh-cloiche a fhuair sibh fhèin mar dhìleab:
glainne nan sgàthanan cho dealrach 's cearbte 's a bha e riamh
a' toirt mìle mac-samhail dhan ùir treabhte

faclan a tha a-nis ag uinnleigeadh agus a' tulgadh a chèile,
a' cur crith rid chiste sa ghainmheach, a' dùrdail
agus a' priomasal agus mu dheireadh thall
a' drùidheadh às an ùir agus a-mach gus drìoftadh
air gaothan na machrach, a' cantainn na th'aca ri ràdh –
duddah? duddah? – gus am bris an là, mar dà
mhaoiseach earb-ruadh ag ionaltradh am measg nan lilidhean

damp flecked wallpaper, and beds and chairs
and mirrors saved for, carted across the moor
from Stornoway, and then left to settle into disuse
and rot until the digger knocked and flattened the lot
in exchange for the drystone wall you'd inherited:
the mirrors as shiny and warped as ever
giving a thousand reflections of the ploughed earth

words that now jostle and elbow each other, unsettling
the sand in your coffin, and seep through the soil and out
to drift on the machair winds, murmuring
and grumbling on, having their own say – eh? eh? –
until the break of day, like two young roes
feeding among the lilies

O Mo Nàire

Airson a chiad trup an samhradh ud
nuair a chaidh mi sìos dhan traigh
cha robh mi nam aonar. Aig an fheans',
air tuiteam agus gun fheum ri taobh nan clachan,
bha Ford Capri, gu slaodach a' lìonadh le smùid.

Chuir tìde stad air cuibhlichean a' bhaidhg –
baidhg a fhuair mi air iasad agus, a-nis,
ann an *slo-mo*, ro mhòr dhomh
's m' òrdagan a' lobairt os cionn na tarmac -
Mìorbhail! Rinn mi 90° dhan dìg.

Phreas dithis iad fhèin às a chàr, fiar-shùileach
mar sgàthan, agus sheas sinn ann an sin
gun chinnt cò againn a chunnaic dè
gun chinnt cò air a bha an nàire.

Shame

For the first time that summer
when I cycled down to the shore
I was not alone. At the fence,
windwrecked and useless beside the stones,
was a Ford Capri, slowly steaming up.

Time stood the bike wheels still –
a bike I had borrowed and now,
in *slo-mo*, too big for me –
and, toes flailing to the tarmac,
a marvel! I 90°-d into the ditch.

A couple ruffled themselves out of the car,
squint-eyed as a mirror, and we stood there staring,
not sure who had seen what,
not sure who was meant to be ashamed.

An Luchd-Coimhead

Tha an luchd-coimhead beò air a' mhòintich
sna h-àirighean iarainn preasaich.
Chan ann às a seo a tha iad:
tha am beathan fillte, eadar-dhealaichte.
Gach feasgar cluichidh iad cairtean,
peantaidh iad, gu leisg, bàta.

Cha mhair còmhradh eatorra fada,
ach tha comharraidhean ac' agus còd
airson sgàilean an fhraoich,
airson lainnir a' tumadh sna creagan.
Bidh iad ag òl an samhradh gadach
gus am bi e cho tana ri teud giotàir.

Air oidhche mhath, bidh iad a' coimhead
bradain nan snighe tro ghlumagan frìthe,
airgead-beò a' sruthadh ris a' ghealaich.
Oidhcheannan eile, thèid an nasgadh 's an ceangal,
na 2-ways aca air an sadail dhan loch.
Lorgaidh na meanbh-chuileagan iad sa mhoch.

The Watchers

The watchers live out on the moor
in the corrugated iron sheds.
Wherever they're from it's not here –
their lives are different, intertwined.
Each afternoon they play cards,
or, leisurely, paint their boats.

They don't need words with each other,
but rely on gesture and code
for shapes that darken the heather,
for glints that dip behind stones.
They drink the long summer thin,
tight as guitar strings.

On good nights they watch the salmon
glide through moorland lies,
mercury daubed with moonlight.
Other nights we catch and tie them,
and dump their 2-ways in the loch.
Leave them so the midges'll find them.

Gille

Nuair a rachadh sinn le na bancairean
a-muigh air a' mhòintich,
bhitheamaid a' giùlain an *outboard*,
a' bhìdh 's na h-uidheamachd.

Choisicheadh iad beagan air dheireadh
a' bruidhinn gu h-ìosal mu airgead,
mun mhìos a b'fheàrr son Grìomarstaidh;
rudan mu nach biodh *clue* aig ar leithid-sa.

Agus nuair a chuip an cuileagan
far ùilleag ar n-oillsginean,
's iad gam mì-thilgeil sa cheòban
bha dùil tostach air ar foighidinn.

Cha d' fhuair sinn iasg dhaibh.
Chuir sinn itean-stèarnag anns gach cuileag
's cac-dòbhran air na ràimh;
bhuaireamaid gach glumag.

'S nuair a dh'fhaighnich iad gu bragail
ainm nam beanntan thall,
dh'fhreagair sinn *Beinn Damaichte Ocair,*
Teanga Oighrig Bhreac air Chall.

Ghillie

When we walked the bankers
out to the moor
we'd carry the outboard,
their lunches and the gear.

They'd lag behind and talk of money
or of the only time of year
to dream of coming to Grimersta.
Things not, necessarily, for our ears.

And when their flies whipped off
the slick of our oilskin hoods
as they miscast in the drizzle,
our tolerance was silently understood.

We caught them no fish.
We used tern feathers in our flies,
smeared the oars with spraint,
and, rowing, moiled the best lies.

And when, bored, they'd condescend
to ask the Gaelic for nearby peaks
we'd say *The Hill of Damned Exploitation,*
The Speckled Tongue that would Speak.

An Suidheachadh as Fheàrr airson an Dàn seo a Leughadh

Bidh thu ann an taigh-seinnse a bha uair na taigh-siùrsachd
(no co-dhiù a tha ga mhargaideachadh fhèin mar sin)
le leann on tìr-mhòr a tha ùr dhut
agus a bhios, airson grèis, do roghainn.

Cha bhi neach eile ann ach fear no tè
(sguab às mar as iomchaidh)
eireachdail ag obair air cùl a' bhàir, furachail
gun a bhith ainneartach nan neo-eismeileachd.

Cha bhi cèol ann, ach cuimhne ciùil,
agus bidh thu air a bhith meòrachadh a-chianaibh
mu thubaist nad òige agus thu a' ruith do chorrag
thar eàrra dualach, le mothachadh *presque vú*,

's ged a bhios signal gu leòr agad gus *presque vú*
googladh 's *jamais vú* cha bhi gus thu fhèin a chall
ann an làraichean naidheachd, no frachd do bheatha fhèin.
Cuiridh am facal 'frachd' – agus seo uile – cais ort

leis gun do thòisich thu o chionn ghoirid a bhith teagmhach
mu adhbhar bithe: Dia fad air do chùlaibh
tha thu a-nis a' ceasnachadh maitheas cuideachd
agus tha thu tighinn faisg air fòirneart nas tric 's nas tric.

Na gabh dragh. Sin as coireach gu bheil thu seo, ann am pub
a tha cha mhòr falamh, ag ìocadh lotan, a' leughadh dàin,
le crith nad chluais. Tha thu a' feuchainn airson tost
ris an èisteadh tu. Cha chluinn thu smid.

The Ideal Conditions for Reading this Poem

You'll be sitting in a bar that used to be a brothel
(or at least that markets itself as such)
with a continental beer that is new to you
and will briefly be a favourite.

There'll be no-one else there but an attractive
man or woman – delete as applicable –
working behind the bar, attentive
but not over-bearing in their independence.

There'll be no music, but the memory of music,
and you'll recently have been thinking
of a childhood trauma while running your finger
over a familiar scar with a sense of *presque vú*,

and though you'll have enough signal to google *presque vú*,
and then *jamais vú*, you won't, somehow, to get lost
in news websites or the scrags of your life.
The word 'scrags' – and everything – will offend you

since of late you've doubted the purpose of existence:
having left God far behind you now question
goodness too and find yourself close to violence
with greater and greater frequency. Don't fash.

This is why you are here, in a nigh-on deserted pub,
nursing old wounds, reading a poem, with a ringing
in your ears. You're searching for a silence
to listen into. You'll hear nothing.

Gobha nan Glasan

Tha eòlas ann am buth gobha nan glasan air Sràid an Arain
o Theodore à Samos, o Nineveh,
uaithne toinnte Chonnecticut 's Yale.

Bhiodh i na tàilleabhach ann,
eanchainn làn boghain 's bràide, cìre 's deilge,
bloca, amhaich 's cip: bhiodh i
ag aisling air bithis no iuchair cnàimhnich,
gach rud meatailt 's mogal 's beàrn.
Pràis air a dhealtraich le cròm.
Làmhan a' lainnrich le stàilinn bleithte
fo chraiceann an deàrna.

Agus bhiodh i na leth-dìa ann,
le a mìle sgealb grèine;
stòr fiaclan dhric nan glòir umha 's òir,
rang an-eagalach an dèidh rang.

Agus bhiodh eud orm ro chinnt an t-saoghail-sa.
Eagan 's bìdean air an tomhais gu bloigh
mhillemeatairean. Cliog soilleir nuair a bhios an iuchair
ceart. 'S straon nuair a chaidh a gearradh sa meileadh sa liòmhadh
tuilleadh 's a' chòir. Cho gun bhrìgh sa tha peacadh.
Deannagan a' drùdhadh fo chraiceann a' mheòir.

The Locksmith

There's knowledge in the locksmith's on Bread St
from Theodore of Samos, from Nineveh,
the worked consonance of Connecticut and Yale.

She'd be a journeyman there, her mind shanks,
collars, pins, throating, blocks,
someone who dreams of vices and skeleton keys,
all metal and case and bow,
brass plated in nickel or chrome.
Whose palms glitter with ground steel
worried beneath the skin.

And she'd be a demigod there,
with her thousand splints of sun:
a hoard of dragon's teeth, their glaw
of copper and gold, row on redoubtable row.

And I'd envy the certainties of that world.
The notches and bittings measured to
fractions of millimetres. The clear click when the key
is right. The slip when the metal is cut,
milled, polished beyond an inch of its life.
The utter irrelevance of sin.
That steel gristling into the skin.

As it were

I never dreamt of living here
in 19th century Roseneath stone.
The tenement steps are worn
through the grain, and strain

into the wall, the whole building
cantilevered, as it were.
Invisible to the eye, the weight-
bearing loads are a partial proof

of the existence of God. The steps
seem to tremble in the air,
as you watch feet pass above you,
in and out of time, against the unseemly

persistence of stone. These feet now,
leather-bound, belong to a toga party:
tanned shoulders and bare backs,
heady, giggly, white sheets held up

by Sellotape, hidden pins,
and bravado. Another time
these will be sheets for ghosts,
with holes cut for their eyes,

but today they are Romans,
confident in their enunciation.
White flocked cotton brushes rose sandstone.
They might live forever.

Clarification

When it comes to fining
you need gelatine
to create a wash
in the bottom of the barrel.

You can use egg whites,
oxblood, the swim bladder of a fish.
Sturgeon works best.
Swirl it round the cask.

It will gather dust particles,
settle in a slop
at the base.
Ladle your wine –

flawless, haze-free,
clarified – from the top.
In Bordeaux they have so
many surplus egg-yolks

each verre comes with
a free *canelè*,
rich as all this:

Un futuro en camino

> The poem is lonely. It is lonely and en route.
>
> Maurice Blanchot, *The Space of Literature*

An cual' thu riamh mun tè
nach b'urrainn coiseachd
eadar Siadar 's Borgh gun fhios air
ainm gach glumag 's lochan
's sruthag 's eun 's lus

tha i fhathast air an t-slighe

ach nuair a ruigeas i o
nach bi againn an là dheth:
lìonmhòrachd de bharra-mhìslein,
fochan-Innseanach, slagad
oidhche 's liath-truisg

Un futuro en camino

> The poem is lonely. It is lonely and en route.
> Maurice Blanchot, *The Space of Literature*

Have you heard tell of the girl
who couldn't walk between Shader
and Borve without knowing
the name of each stream and ditch
and bird and insect and weed

she is still on her way

but when she comes o
won't that be the day of it:
a plenitude of bird's foot trefoil,
montbretia, night hollows
and fieldfares

Creachann

Na samhraidhean ud, choisicheadh Dad sinn
sìos dhan mhol ann an Àrnol: sgrùdadh sinn
sgoid 's propach 's canastairean Castrol GTX,
a' lorg portain 's spitheagan,

tèataran beaga gainmhich,
a' leantainn àitheantan crùbach ar mac-meanmna.
Far a' chladaich, bhiodh faoileagan 's stearnagan
nan ràpal mu chreagan ghuanach an eilein,

's an sgarbh na shuidhe rag, iosal air a' charraig,
na ìomhaigh ach a shùilean, 's iad
a' togail fàire bàrr caochlaideach a' chuain
thar chlaonaidhean sèimhidh gach riof'.

'S e dòirlinn, chanadh Dad, a th'anns an eilean.
Ach bha am muir an còmhnaidh a-staigh,
an t-eilean do-ruigsinneach, gun smal:
balg Manannán a' cumail smachd air a làn.

O Mhanannán, bastard Lír,
a bhios ag agairt muir, aigeal 's tràigh,
leig leum glèidheadh an slige-chreachainn-sa,
's a dhlùth-thuairmse aimheil.

Scallop

Those summers Dad would walk us
down to the shingle beach in Arnol:
we'd hoke through driftwood, bladderwrack,
bottles of Castrol GTX, looking for crab shells

and skimming stones, tiny arenas of sand,
following our imaginations' thrummed commands.
Just offshore, gulls and terns bustled round
the shit-streaked cliffs of the island: shags

would sit immobile on the lowest rocks,
statues apart from their eyes, which scanned
beneath the shifting surface of the sea,
across the subtle, flicked, veers of the reefs.

The island, Dad would tell us, *is tidal.*
But the tide was always in,
the island immaculately out of reach:
Manannán's bag holding on to its fill.

O Manannán, bastard son of Lír,
who'd claim sea, seabed and beach,
let me keep at least this scallop shell,
its approximation of grief.

i.m. Sandy Hutchison

Tha e seachad air meadhan-oidhche an Olomouc
agus tha sinn nar càpraid eadar Ponorka
agus Hotel Gol, 's ged nach robh guth
agam riamh, tha thu toirt orm 'Raglan Road'
gabhail leis an dà not a th'agam.

Ach far am bu chòir dha bhith
'On Grafton St in November' tha thusa
gabhail tharais le 'On a quiet street…'
agus tha sinn a' seinn còmhla, na rannan
air sgaradh ann an sèisd robach – tripped
lightly along the ledge… away from me
so hurriedly – gus cha mhòr gu bheil sinn
seinn leis a' ghàire.

Ach, Sandy, tha thu air mo chur às a rian.
Tog a-rithist thu fhèin e on tùs.

i.m. Sandy Hutchison

It is gone midnight in Olomouc
and we are staggering back from Ponorka
to Hotel Gol and, though I have never
had a voice, you are getting me to sing
'Raglan Road' with the two notes I can muster.

But where it should have been
'on Grafton St in November'
you take over with 'On a quiet street...'
and we sing on, the lines diverging
in a ragbag chorus – tripped
lightly along the ledge... away from me
so hurriedly – until we're barely singing
for the laughter.

Ach Sandy, you've got me all out of order.
Take it again yourself from the top.

Breug Chòsagach

'S e am meatafor bunaiteach
gur iad seo reangan

a' tha a' stobadh a-mach às an tràigh –
air neo gur e cliabh a th'annta

agus gu b'e gu bheil iad nàdarra no corporra
gu bheil iad a' malcadh agus a' grodadh

a' fàs a bhith còltach ris a chèile –
co-mheasgte agus saor

mar na feannagan-glasa
air an do chur thu eagal

agus a theich air sgèith agus a thill
gus seitligeadh a-rithist

air na uèirean fòna
ann an òrdugh

a bha a-nis
a' ciallachadh rudeigin

A Hyggelig Lie

The basic metaphor
is that these are sprits of a boat

jutting out of the strand –
or that these sprits are a ribcage

and whether they're wooden or bony
they're rotting and decaying

becoming the same as each other –
bound and free

like the hoodie crows
you scared off

and who took to the wing only
to settle again on the telephone wires

in a different order
that now has a meaning

Operation Cauldron

'52 agus tha ceò na shnìomhanan mun Bhràighe
às a' phontoon a-muigh sa bhàigh,
milis le boltrach muncaidh loisgte agus gearra-mhuc,
blasad a' phlàigh dhuibh, brucellosis, tularaemia.

Deicheadan an dèidh sin, an luchd-saidheans air ais
ann am Porton Down, bha barrachd tuiteamais
na bhiodh dùil ann de dh'aillse air feadh an eilein,
aillse-fàireige 's stamaige 's sgamhain.

Operation Cauldron

'52 and there is smoke drifting onto the Bràighe
from the pontoon moored in the bay,
sweet with the smell of burnt monkey and guinea pig,
bubonic plague, brucellosis, tularaemia.

Decades later, the scientists long since
packed up and back in Porton Down, the island
would have a higher than expected incidence
of cancers of the gut, the lung, of swellings in the glands.

Operation Hesperus

Bhiodh ceathrar ag obair còmhla   lashed
to the helm   aon fhear a' ceangal
gach gearra-mhuc   all stiff and stark   air an treidhe
le àireamh-aithneachaidh fodha
his face turned to the skies   Aon
fhear a' righeadh a' bhèin   the lantern
gleam through the gleaming snow
Aon fhear a' fuasgladh na greallaiche
on his fixed and glassy eyes   Aon fhear
a' gearradh an tamhain no na stamaige
a-rèir a' ghalair a sgaoil iad

Thèid an dubh-losgadh   the glassy skies
san t-seòmar shalach

Mar seo, dhèanadh iad ceud beathach san là

Operation Hesperus

They'd work in teams of four   lashed
to the helm   one to pin the guinea pig
all stiff and stark   to the tray
with its ID number visible beneath,
his face turned to the skies   one to lay
back the skin   the lantern gleam through
the gleaming snow   one to expose the organs
on his fixed and glassy eyes.   one to snip
the spleen or lower intestine
depending on the disease being tested

They were disposed of in the dirty compartment
the glassy skies   by standard incineration

In this manner they could get through
a hundred animals a day

Geographical Exclusions Apply

to hear the Gaelic ann an taigh-mòr
air a' chrìoch eadar dà shiorrachd
ann an Èirinn far am faighear taic
o gach comhairle gus na dìogan a ghlanadh,
na claisean a chàradh, ged nach robh e
idir gu leòr agus fios gun teagamh sam bith
gun robh an taigh a' grodadh, nach bi
e fada son t-saoghail seo, leis gun robh e –
mar gach taigh-mòr eile – a' tuiteam
às a chèile on mhullach, gun robh
na sglèatan a' crochadh air adhar,
na cabair phreasach nas làine de thuill
na de dh'fhiodh 's it was lovely to hear
the Gaelic aig solas dearg ann an Gleann
Comhann far an do stad car agus shlaighd
fear sìos an uinneag agus leig e às –
gu slaodach – cnap cotain a bha stobte
sa bheul ann am beàrn far am b' àbhaist
fiacal a bhith, an cotan air tionndadh
dearg gorm dubh agus air maistrich
le na duilleagan 's an traillich 's an uisge
ronnach ruadh a' ruith sìos a' chlais
sìos dhan it was lovely to hear the Gaelic
anns a' chlò a' chlò a' chlò às am bi
fàileadh an eilein-sa ag èirigh gach trup
a bhios tu fàs teth agus fliuch aig an aon àm

Geographical Exclusions Apply

to hear the Gaelic in a big house
on the border between two counties
in Ireland where you could get help
from both councils for cleaning the gutters,
repairing the rones, even though it was
never enough and there was no doubt
that the house was rotting, not long
for this world, since it was – like every other
big house – tearing itself apart
from the top down, and the slates
were hanging in air and the corrugating
roofbeams more full of holes than wood
and it was lovely to hear the Gaelic at a red
light in Glencoe where a car stopped and a man
wound down his window and dropped –
gently – a sop of cotton that had been
stoppering a hole in his mouth where once
there'd been a tooth, the cotton now turning
red blue black and swirling chewing
masticating with the leaves and butts
in the red rusted water running down the gutter
towards it was lovely to hear the Gaelic
in the tweed the tweed the tweed from which
the smell of this island rises each time
you get both hot and wet at the same time

mar gum b' e comharra feise a bh' ann
rud cho borb bèisteil 's nach urrainn dhut
a chumail ri taobh do chraicinn, nad
achlaisean, eadar do shlèistean, gun iad a bhith
air an suathadh, air an sgròbadh a bhith dearg
's dubh 's geal 's tu ag ràdh eadar fiaclan dùinte
an ceann a chèile Moire Moire Moire it was
lovely to hear the Gaelic aig àm dol fodha
na grèine, gus am bris an là, air là buidhe
Bealltainn, aig mullach na creige ann an Gippsland
far an do shad an Sgitheanach
Aonghas Mac a' Mhaolain tùsanaich
far an oir an dèidh peilearan
a chur nan casan mar gum b' e plàigh
a bh' annta neo beathaichean leòinte
nach robh fiù 's airidh air tròcair,
nach b' unnta ach trocan it was lovely
to hear the Gaelic air an t-seann sgeir,
na glasan-làimhe a' bìdeadh d' abhbrannan
's do chaoil-dhùirn agus an t-sàl
a' suathadh d' fheòla agus an reothart
a' lìonadh gun dòchas agad – agus i
an àm a' phreasaidh a-rithist an-còmhnaidh
mar a bha 's mar a bhitheas, cha neònach e –
ach guth fir thar nan tonn a' dùrdail it was lovely

as if it was a marker of sex, something so
barbaric and animal you could not keep it
beside your skin, in your armpits, between
your thighs without them being rubbed
and scratched red and black and white
while you say between teeth gritted together
Mary Mary Mary it was lovely to hear
the Gaelic at the going down of the sun, when the day
breaks, till the day of the moon, at the top
of the cliff in Gippsland where the Sgitheanach
Aonghas Mac a' Mhaolain threw aborigines
over the edge, having shot them in the legs
as if they were a plague, or wounded
animals, that weren't worthy of pity
that were nothing but brutes it was lovely
to hear the Gaelic on the ol' tidal rock
the manacles biting into your ankles
and wrists and the brine of the rising
spring tide seasoning your flesh and
no hope left but – it being the time
of the press-gangs again, as usual,
as it was and shall be, there are no surprises –
a male voice murmuring over the waves it was lovely

Adhartas

agus b'è sin an là
a dh'fheuch mi ri Deuchainn Phrìosan Stanford
a ruith a-rithist air a' chroit
ann an Cille Mhoire, agus sgar
mi mo chuid chaorach – an dèidh crannchur –
aon air aon, eadar 'caoraich' is 'madaidhean-allaidh'.

Nuair a thill mi dhan fhaing an ath là
cha robh ann ach tòrr fuilteach clòimhe,
closaichean sgriosta leth-chuid mo ghreigh,
madaidhean-allaidh a' leum
thar mullaichean an sgarpa,
agus aon chollaidh gu foirfe sorcha.

Dhòmhsa, b' e adhartas a bha seo.

Progress

And then there was the day
I replicated the Stanford
Prison Experiment on my croft
in Kilmuir, and separated my sheep –
by strict rules of chance –
one by one into 'sheep' and 'wolves'.

When I visited the fank the next day
there was a waste of bloodied wool,
the scoured corpses of half my flock,
sightings of a wolf pack
lolloping over the escarpment,
and one perfectly civil collie.

I considered this progress.

An Suidheachadh as Fheàrr airson an Dàn seo a Leughadh

Bidh thu ann an tacsi
air an t-slighe
gu Ospadal Rìoghail Dhùn Èideann,

a' feuchainn gun a bhith dìobhairt,
an dràibhear a' coimhead ort san sgàthan,
gu h-amharasach,

agus bidh thu a' faireachdainn
rudeigin unnad a tha a' fàs
no a' crionadh –

cha bhi e gu mòran diofar ciod –
leis gum bi làn fhios agad
mu dheireadh thall

gu bheil (no nach eil) thu bàsmhor.
Na bi cho bog bìodach,
chan eil an seo ach plòigh.

The Ideal Conditions for Reading this Poem

You'll be in a taxi
going to the Edinburgh
Royal Infirmary

trying not to vomit,
the driver looking at you
in the mirror, leery,

and you will feel
something
inside you growing

or shrinking:
by this point it makes
no real difference

because, one way or another,
you're sure now, after all,
you are (or indeed aren't)

mortal.
Don't be so self-indulgent.
This is just a ploy.

Òran-tàlaidh

Tha uilebheist na h-iom-thàirnge air feadh an àite,
fo d' ìnean, ann am freumhan d'fhuilt.
Geàrr a-mach e, geàrr a-mach e,
stad a chagairt: *tuit, tuit tuiteam,*
chan eil an tuiteam ach ruith-thairis bàis.

Tha i nad chluais, ro dhomhain son corrag,
ach bu chòir dhuit bhith feuchainn fhathast:
cladh a-mach i, cladh a-mach i, gus stad
a chuir air sgread na fala:
tha thu tuiteam trom bheul gun aigeann.

Thoir an aire air uilebheistean na h-iom-thàirnge,
a ghàirdeanan 's a fiaclan ag ràdh tromhad:
tha i ceart, tha thu gu sìorraidh tuiteam
agus chan eil sìon fodhad.

Lullaby

The gravity monster is everywhere:
under your nails, in the roots of your hair.
Cut him out, cut him out, stop
his whispers: *fall fall*
falling is practising dying.

She lives in your ear, too deep for fingers,
but that shouldn't stop you trying:
dig her out, dig her out, stop
her bloody shouts: *you're falling*
through my bottomless mouth.

Beware the gravity monsters,
his invisible arms, her invisible teeth:
that's right, you're forever falling,
and there's nothing underneath.

Beathaichean Coille an Fhàrdain

Thìg gach rud na àm fhèin, a mhuile-mhàg:
nam measg, bàs air an ràthad.
Na bi a' dabhdail, na bi air dheireadh.
Thèid do losgadh ann am falasgair,
do spèiceadh leis a' bhuidsear,
do mhùchadh ann am poc an tuathanaich.
Nì thu bàla fo chùibhle-làraidh.
Chan fhàigh thu air falbh o ghrèim do nàdair.

Bidh sinn a' faireachdainn, a mhuile-mhàg,
mar meatafor fògairt,
di-choillteachadh na h-anama.
Tha ar dachaigh air chall gu deò,
's sinn a' coiseachd thar achaidhean puinnseanta
agus mu seach, tha e còltach, bàsaichidh sinn,
mu seach agus − 's mathaid − nar n-aonar.

Tha sinn a' siubhal eadar Fardain agus Fiadh Gheal
eadar airgead agus fionn-sgeul
gu seilbh teagmhach Tìr a' Gheallaidh.
Chan eil ann ach earbs' a chur unnad, a mhuile-mhàg,
agus bòidicheadh nach slugamaid
ann an dòigh sam bith ar caraidean.
Na bi a' caitheamh do luchd-gràidh.
Na bi caochladh air an ràthad.

Tha na tha seachad seachad, a mhuile-mhàg,
ach tha sinn ga ghiùlain mar famh air ar druim
mar thuill nar sgiathan,
tha na tha seachad a' feadairich tromhainn 's sinne nar sgiath.
Seadh, bidh sinn a' caochladh. Streapaidh sinn a' bheinn ud.

Ach fhad's a tha sinn feitheamh
fàilte oirbh gu seòmar 59
far am bi, airson aon oidhche a-mhàin, an Neis a' seinn...
Nuair a fhuair sinn uile air bòrd innte

Animals of Farthing Wood

Everything comes to those who wait, toad.
Including death on the road.
Don't choose to stay behind, don't let
yourself lag. You'll be barbecued,
you'll be Butcher Bird-ed,
put in the farmer's bag.
You'll curl up flat under a lorry wheel.
Instinct will get the better of you.

We'll feel, toad, like a metaphor for exile,
the deforestation of the soul.
Our home is gone forever,
we're walking across poisoned fields,
and one by one we'll die.
And probably alone.

We are going from Farthings to White Deer,
from money to myth, to the dubious possession
of a Promised Land.
And all we can do is have faith in you, toad,
and the old oath to solemnly swear
not to swallow our friends.
Do not consume your loved ones.
Do not die on the road.

The past is past, toad,
though we carry it like moles on our back,
holes in our wings.
The past whistles through us as we fly.
Yes, we will die. We will climb that hill.

But while we wait, welcome to Venue 59
where tonight, for one night only
give it up for Weasel, who's going to sing:
And if I only could, I'd make a pact with God

Na dh' ionnsaich mi o bhith ag obair ann an cidsin

Fraidhig uinneanan cho fad 's a leigeas Dia leat.
'S e do charaid a th'ann an tìde ach sgrìobaidh i barr do mheòir còmhla ri na curranan.
Bidh cùramach le do sgeanan agus bidh iadsan cùramach leatsa.
Thig grodadh air rudan nach shaoileadh tu.
Cha tèid gach pìos eòlais a thoirt leat.

What I learnt from working in kitchens

Fry your onions for as long as the good Lord lets you.
Time is your friend but will grate your fingertips along with the carrots.
Take care of your knives and they will take care of you.
Even the most unexpected things rot.
Not all knowledge is transferrable.

Bucardo

Chaochail am bucardo mu dheireadh san t-saoghal
air Monte Perdido sna Pyrenees, fo chraoibh
a bh'air tuiteam. Thug na vets oirre Celia,
'tè a tha a' buntainn do nèamh'.

Dh'fhàs i a bhith na pròiseas.
Chaidh niùclasan cealla aic' a stealladh
ann an 7 uighean còsach gobhair
ann an obair-lannan Madrid 's Zaragoza.

Bhàsaich 6 dhiubh cha mhòr sa spot,
's cha robh an tèile ach tiotag beò,
cnap air a sgamhain cho tiugh ri grùthan.
Feumaidh mi ràdh g'eil mi teagmhach mun a sheo.

Bucardo

The last bucardo died on Monte Perdido
in the Pyrenees, crushed by a falling tree.
The vets who had been following her
called her 'Celia', 'the one from heaven'.

She became process, her cell nuclei injected
into seven scooped-out goats eggs,
in labs in Zaragoza and Madrid.
There were 6 miscarriages,

the one clone that lived to term
died within minutes, a lobe on her lung
solid as liver. I feel the need to admit
I'm ambivalent about this.

Sìoda

Nuair a dh'fhuadachadh na Mùraich
às an Alpujarra, chaidh dà theaghlach fhàgail
anns gach baile, gus innse mu uisgeachadh
agus altramadh cnuimhean-sìoda:

mar a bhios iad fàs air craobh nan smeur
nuair a tha an teothachd dìreach mar bu chòir;
mar a thig bàs cho furasta
le caochladh teas, le fàileadh caic, le fuaim

agus le sin mar a bhios tu a' dèanamh brag 's sgleog
nuair a tha tàirneanaich ann, gus nach bi
iad ga mhothachadh. Mar a bhios tu gan sadail beò
ann an uisge goileach airson sìoda mìn.

Silk

When they cleared the Moors
from the Alpujarra, they left two families
in each village, to pass on how to nurture
and water the silk-worms:

how they grow on mulberry trees
when the temperature is just right;
how they die so easily with changes of heat,
with the smell of shit, with loud sounds;

and so how you have to clang and bang
when there is thunder, so they don't notice it.
How you throw them alive into boiling water
for soft silk.

Com

Nan robh do ruitheam ceàrr bhiodh a' chùmhachd a' neadachadh ann an caol an dùirn, ach aig astar bha e mar gum biodh tu a' fighe gu contrarrach, air neo a' buaileadh druma gus am biodh e blèithte.

Rinn mi com dhìom fhìn mar bhoireannach, o no guailnean ri crom a' bhrù. Cha b'e rud a bh'ann a chitheadh tu ann an taigh-tasgaidh, le craiceann rèidh ach na buill air chall, na gàirdeanan air an sgoltadh le vandalan. Bha e mar gun robh mi nam ìomhaigh shnàidhte o na Cyclades a bha a-nis brìste agus air a tharraing a-mach às a bhroinn: a' chraiceann air a gharbhachadh 's a sgoradh le mìltean de bhuillean, na lotan lìomhach foirfe mar na truinnsearan pòrsalain sa Royal.

Le aon bhrag shliopach thug mi dhìom ceann na cìche, ga chnagadh gu sgeunaichte far a' bhòrd, far a' bhalla. Bha mi air uairean fada a chur seachad air an imleag, a' feuchainn ri tomhas cuin' am bu chòir dhomh stad.

Torso

If your timing was off the force nestled like a comet in your carpus, but right and at speed the rhythm was like knitting in reverse, or like beating a disintegrating drum.

I made a torso of myself as a woman, shoulders to belly curve. This was no museum piece, all silk skin but shorn of limbs, their absence hacked out by vandals. Instead, it was as if I was a broken Cycladic sculpture pulled inside out: the skin flecked and roughened by a thousand hits, the wounds polished like the dining set in the Royal.

With one careless stroke I dislodged my nipple, sent it skittering off the table, tinging against the wall. I spent hours on the navel trying to work out when to stop.

Parkour

Mar as motha an gnàthachadh, thuirt mo charaid rium,
's ann as motha a dh'atharraich a bodhaig.
Dh'fhàs na fèithean air a guailnean.
Chruadhaich a craiceann.
Le riachadh air riachadh agus eàrra air eàrra
o bhith sgràmalaich thar ballachan breige
dh'fhàs a glùintean preasach 's sreamach.
Dh'èirich a màs. Dh'fhàs i cleachdte
ri ìnean briste, ri bhith lìomhadh earran robach,
ri loidhne fuil aig barr gach corrag.

"'S fhiach e son a bhith a' tuiteam, 's a' leum
o aon bhalla dhan ath fhear, airson nam beàrn
neo-iomallach, agus làmh a shìneadh,
cha mhòr gach trup, a-mach gu tuisleadh a bhacadh."

Bha e coltach gun robh an "cha mhòr gach trup" sin cudromach.
Sgolt i a ceann ro thric
's a-nis tha i air leigeil seachad triocan,
agus cha bhith i ach ri seasamh,
ri lùib, ri ceàrn, ri suidheachadh,
ga cothromachadh fèin air oir rudan.

Ag èisteachd rithe, cha do dh'fhairich mi riamh cho talamh-glacte,
slèistean tiugh o bhall-coise gam acrachadh,
cnapach 's cuagach:
cha mhòr balaist às an leumadh tu.

Parkour

The more she practiced, my friend told me,
the more her body would change.
Her shoulders muscled up. Her skin hardened.
With graze on graze and scar on scar
from scrambling over brick walls,
her knees wattled and corrugated.
Her buttocks rose. She got used to broken nails,
to filing down the rag ends,
to lines of blood at the tips of her fingers.

"It was worth it for the falling,
for the jump from one wall to the next,
for those interminable gaps and the hand that would,
almost always, reach out to catch a stumble."

That "almost always" seemed important.
Her head was split open once too often.
Now she has given up tricks,
and limits herself to postures, angles, positions,
balancing on the edges of things.

Listening to her,
I'd never felt so earth-bound,
thighs thick from football lumpen
and weighing me down:
little more than ballast to be sprung out from.

Sù Marbh

Nuair a mhothaicheas tu
gu bheil ur coig bliadhna còmhla a' tighinn gu crìoch
thèidibh dhan a sù

an teas-meadhan Baile Atha Cliath
a dh'fhaicinn am peileagain neo-thorrach air a h-ùgh,
an tigear Amur tàmhach na chliabh

an orang-utan a' crochadh le beag an ùidh
on spiris, agus an giraffe
rag na stùic.

Air neo nach tèidibh dhan Sù Marbh,
làn fuigheall na h-Ìmpireachd. Cotan-pasgaidh,
sùilean-glainne, 's grùthan 's àra

's sgamhan 's cridhe
ann am brochan de formal-
dehyde. Creutairean nach robh riamh

ann 's nach deach à bith – skvader, jackal-
ope, griffin làn ghainmhich,
hydra de chraiceann nathraich agus nios. Al-

mi'raj. Bidh ar mac-meanna tar-chinealach
a' sìor-cruthachadh dreach ùr: piseag le plocan na làimh,
sgoil sglèatach nan coineanach.

An sù a thunnaibh, tha e leth-marbh. Tha e na chnàmh.
Seall an càraid balbh air beulaibh a' ghnù.
Cha tèid càil a ghlèidheadh. Chan eil càil ri ràdh.

Dead Zoo

When your lover is finally bored of you
and your five years are come to a head
then you should go to Dublin Zoo

to see the orang-utan hang, half-hearted, off its ledge,
the Amur tiger indolent in its cage,
pelicans squabbling on unfertilised eggs.

Or, perhaps, to the Dead Zoo, the relics of the age
of Empire: cotton wrap, formaldehyde,
glass eyes, liver, heart, lungs in rarified potage.

Or, even better, a travelling show of beasts that never died:
the skvader, al-mir'aj, jackalope, griffin,
scale and fur held upright by aluminium insides;

a bricolage of weasels and snake skins;
rabbits in a schoolroom; kittens playing croquet.
The rogue hybrids of our imagination.

For you too are a zoo that's half dead. That decays.
See the couple stood dumb in front of the gnu.
Nothing is preserved here. There is nothing to say.

Leenaun

When I hear of your death, at second or third hand,
some time after the fact, I expect I'll think
of the day we climbed Leenaun Hill
and turned back at an overhung, licheny rock
because if we'd gone on the wind
was such we might have got carried away,

and I'll remember how that night, carried away,
I lightly circled your wrist with my air-burnt hand
as your cloud-flecked nails in my back dug the wind
out of my time-filled lungs. Now, when I think
about it at all, I imagine us as two rocks –
erratics – brought together in that gale on the hill.

Which is why, years later, I am looking up hill-
names in Connemara, before the memory is forever away.
Did we really climb Leenaun? Was it not Benbrack?
At which rock did you slip a freckled hand
into mine? For years I've been taught to think
of bodies as landscapes and now I wind

up merging my memories of you with a wind
-swept, curving and misty Galway hill-
side. It's just a bit neat, don't you think?
As if all my pasts have been pared away
to guilty nodes by a Wordsworthian hand.
I'd prefer my memories to be more baroque,

to remember more details about gatecrashing the rock
'n' roll night for pensioners that was just wind-
ing down when we rocked up, time suddenly on our hands,
for a last drink at the decaying hotel in Salthill.
When we single-beat-jived did our stiff hips give way
or did our freed limbs move faster than we could think?

To this day I don't know why I stopped to second think,
and ended what was starting between us before it rocked
the unsteady founds of our friendship, and slipped away
from you as mercury would flow from a magnet, as wind
would break awry, metamorphic, off the slope of a hill,
or clay slide from an unskilled potter's hand,

and by what right, when I think of how the inevitable north wind
will someday grind those rocks and wear those hills
away, I still crave the hard bone press of your hand.

An dèidh dàn gaoil

Gabh mo leisgeul, a ghràidh: nuair a thuirt mi gun robh a bhith
a' coimhead nad shùilean mar dhùr-bheachdachadh air ana-cuimse
Bhogha Chlann Uisnich a' toinneadh air falbh, b' e meatafar a bh'ann,
agus tha agam ri aideachadh nach eil ach glè bheag de dh'eòlais agam
air fiosaigs na cruinne-cè agus cumhachd na h-iom-thàirnge,
agus gun robh e air fad stèidhichte nas motha na tha mi airson ràdh
air mar a bha ruitheam agus comhardadh gam stiùireadh,
agus cho lag sa bha mi le bhith a' gabhail smachd orra. Cha bhi thu
a' toirt dhomh vertigo. Chan eil thu air do dhèanamh le stuth dorch.
Cha bhi thu a' teicheadh air cùl suip cumulo-nimbus air neo cumhachd
mìle lampa sòidium Low Pressure a' tighinn còmhla.

Agus ma chanas mi a-rithist san àm ri teachd gu bheil do ghuth coltach
ri òran na muice-mara, cha bhi sin, geallaidh mi seo dhut an dràsta,
beachd air cà' bheil an dithis againn san t-sreath-bìdh, ach mi fhìn
a' feuchainn ann an dòigh chlisgeadaich ri ràdh ge air bith cà' bheil thu
san t-saoghal, smaoinichidh mi ort, agus èistidh mi air do shon-sa.
Chan eil seo, tuigidh tu, a' stad aig crìochan dlùths fuaim' a' bhaleen.
Leis an fhìrinn innse, 's beag a dh'fhios agam cò ris a tha òran na muice-mara
coltach, bha mi dìreach airson puing nas fharsaing' a dhèanamh:
bha feum agam dol air google airson na genus fhaighinn,
agus air Uicipeid lorg mi nach eil fios fiù 's aig na h-eòlaichean
air mar a bhios iad a' dèanamh nan òran. Tha guthlag na muice-mara
na mìorbhail dhaibh. Tha i na mìorbhail dhomh.

Homeopathy

I make finger-holes
in the pockets of Gaelic, fumbling for words
that would have dripped like the *sult*
of the guga from my grandparents'
tongues, without a second-thought to grammar,
form, right or wrong
                    dripped
like water passed from beaker to beaker
and test-tube to test-tube, diluted
by a power of 10 but still
said to hold traces of quartz, fuzil,
poison ivy, opium
                    and given
to a 7-year old girl blinded by measles,
left to moulder in an attic room, worrying
her scars, unstitching and stitching
the hems of her skirts, retracing them ever
further askew, following the lines
of light shining slant through
the wooden slats
                    but can only come up
with the vaguest outline: the words
obh obh and *hai hai*, knobbled hands
that worry themselves dry on an apron,
eyes that ask *what are we supposed to do
with the likes of you*

Ciad Dreach

Aon fheasgar dh'èist mi ri Belle
and Sebastian ag ullachadh
airson craoladh beò air *The Review Show*,
a' cluich an aon òrain trup
sa rithist thairis air seachd
no ochd uairean a thìde
ann am fosglan Phacific Quay.

A chiad trup bha gràin orm
air an òran – a chianalas lasach
agus rèidheachd sìmplidh –
ach an dèidh deich, dusan turas
bha an adhar san togalach teann:
an ro-innseach a-nis
do-sheachanta, agus an t-òran
air comharra do-sgrioste fhàgail san àile.

Chan eil seo ri ràdh
gu bheil mi a-nis nam "fan"
air Belle and Sebastian
ach dìreach gu bheil làn fhios aca
de th'iad a' dèanamh: gu bheil feum
aig ealain air theannachadh
no iomadachadh no bhleitheadh
gu streathan a ghabhas las.

Gabh mo leisgeul, a leughadair chòir,
nach eil an dàn-sa a' dèanamh sin,
ach co-dhiù 's urrainn dhut a-nis
saoilsinn air uair – an dèidh deich
no fichead ruith-thairis,
na tha a dhìth – a dhèanadh.

First Draft

One afternoon I listened to Belle
and Sebastian rehearse
for a live performance
on *The Review Show*, playing
the same song again and again
over the course of seven or eight hours
in the foyer of Pacific Quay.

The first time I hated the song
– its baggy sentimentality,
its predictable harmonies –
but by the tenth or twelfth go
it had tightened the very walls
of the building, had squeezed
the predictable into the inevitable,
left an ineluctable mark in the air.

This is not to say I'm a fan
of Belle and Sebastian
but just that they know what they're doing:
that art has to be distilled
or multiplied or ground down
to a filament that can catch light.

My apologies, dear reader,
that this poem doesn't do this
but at least now you can imagine
a point, after ten or twenty rehearsals –
however many it takes –
when it might.

Air Eadar-Theangachadh on Tùs

Cha mhòr gun deach samhradh seachad
nach do sgrùd sinn a' mhòinteach
airson cnàmhan chaorach: claignean
no sùilean na leise dathte donn
leis a' mhòine. Thiormaich
sinn iad air gàrraidhean
mar dhiathan rag, no glacadairean
solais 's gaoithe.

Cha b'iad deireadh càil,
agus thèid iad air an t-slighe
gu stacan, no seòmraichean ealain
mar shamhlaidhean, dealbhan neo-bheò,
lùghdachaidhean agus an còrr.

Translated from the original

Hardly a summer went by
that we didn't scour the moor
for sheep bones: skulls
or pelvises stained brown
by the peat. We'd dry them out
on stone walls
like stubborn gods, or seine-nets
for light and wind.

They weren't the last of anything,
and would make their way
to fence-posts and art classrooms,
as symbols or still lifes,
deductions and carry-overs.

Beàrn sa Chunntas-Sluaigh

Trup 's a rithist nuair a nochd fear a' chunntais
cha robh duine beò a-staigh
ann an taigh mo shinnsearan.

No no chanadh an nabaidh
chan fhac' mi 'ad fad bhliadhnaichean –
Ameireaga a bh'ann no àiteigin –

ged a bha an taigh glan sgiobalta,
mar gun robh iad dìreach air cheum a ghabhail a-mach
gus sùil a thoirt air a' bhò, no clach-dìon a ghluasad,

's ged a bhiodh e a' mothachadh ri sùilean ga bhreithneachadh
às na ceàrnan smadach, a' mothachadh ri anail
air a chumail fo na maidean-ùrlair.

Air neo: nuair a ruigeadh e am baile
bhiodh pailteas aige mu thràth de 'MacAoidh'
pòsta ri 'Mhoireach', agus seachd searbh sgìth dheth

chuireadh e às leotha le stràc gun fhacail,
a' toirt na cloinne dhan teaghlach aig àireamh 23
gus nàdar de smachd a chumail orra.

Co-dhiù 's co dheth, airson 20 bliadhna sheas iad
taobh a-muigh sùilean na stàite
le a leabhar-cunntais, a comharran-sglèata.

Bidh mi a' faighinn cairtean-puist bhuapa uaireannan:
Seo mise, 'ille, air Pintabian ann am Patagonia,
air an ran-dan ann an Rajastan,

agus *'S buidhe dhut – no cha buidhe –*
gu bheil mi air bodraigeadh tilleadh
no thèid do bhreith ann an Gippsland 's dòcha, 's dòcha Chile.

Gap in the Census

Twice in a row when the census man came
there was nobody in
at my great-great-grandparent's house.

No no, long gone, the neighbour would say
haven't seen them in years –
America, I think, somewhere like that –

although the house was spick, intact,
as if they had just stepped out to inspect the cow
or put communal shoulders to a deep-set stone

and though he could feel eyes watching him
through the sooted eaves, could sense breaths
being held in the floorboards.

Or else: when he arrived to their house
he'd had his fill already of 'Mackays'
married to 'Murrays', had reached his own limits

and would silently strike them off,
add their children to those in number 23
to keep them in check.

Either way, for some 20 years they stepped out
of the surveillance of the state,
its tallies on the slate.

I still get their postcards sometimes:
This is me, boy, in Patagonia on a Pintabian,
Me, on the lam in Rajastan

or *Be glad – or not – it's up to you,*
I'm bothering my arse to come home
or you'd be born here in Gippsland or, maybes, here in Rome.

Banais Ghàidhealach

agus an eaglais ro bheag
rinn am pìobaire limbo a-staigh ro bhean-na-bainnse
an dos mòr mar amhaich chroim na h-eala

tron t-sèirbhis
tha bean-na-bainnse a' toirt seachad iomradh
dha a bràthair, am ministear

tha na fir ruadh' a' co-thional sa bhar fhiodh
a' chiad dannsa seachad,
tha am pìobaire a' traoghadh sìos dhan tràigh

anns gach foto, tha athair fear-na-bainnse
na sheasamh car ro fhad' air falbh o mhac,
mock-baronial

tha Bmh. NicFheargais, a bha na ceannard-sgoile, ga suidheachadh fèin
ri taobh na h-uinneig, ri taobh a' bhouncy castle
ri taobh nam fear òga nam fèilidhean

gun sgot mu cheumannan a' dhannsa
tha an seòmar a' cur car 's car 's car –
cha tèid ach aon chnàmh a bhrìseadh

air an dithis fhear air achlaisean a chèile
tha dà shùil dhubh –
's an dithis dhiubh nan cadal san dìg

tuitidh a' bhouncy castle dhan trainnse

na aonar aig an taigh
bidh am ministear uisge-beachdachadh
mu leabaidh na bainnse

Highland Wedding

the church being too small
the piper limbos in before the bride
his drones the bent neck of a swan

through the service
the bride gives a running commentary
to her brother the minister

red men congregate at the wooden bar

the first dance done,
the piper tides down to the shore

in every photo, the father of the groom
stands just too far from his son,
mock-baronial

Miss Ferguson, retired headmistress, positions herself by the window
by the bouncy castle,
by the men in kilts

not knowing the steps to the dance
the room birls and birls and birls:
only one bone is broken

two men with arms round each other
share two black eyes
asleep in the ditch

the bouncy castle sinks to half its height

at home
the minister whiskythinks
of the wedding night

Trèan-ri-trèan

Far an rathad ann an Lionacro tha trèan-ri-trèan –
dhà no trì dhiubh – nan ceilearadh, an *crex crex*
ac' a' crith sa ghaoith.
    Chan fhaic thu iad
san fheur, an guthan air am pasgadh ann am fàitheam
a' ghairt, agus sreapaidh tu an fheans'
a dh'ionnsaigh an t-saidhleo traoighte, an lot
dlùth le beatha.
    Cluinnidh tu famhalain
a' siùrdan sna cuilcean; os do cheann tha fhios
gu bheil iolaire a' fantainn.
    'S nuair a thèid thu
tarsainn air an allt, 's tu caillte san fheur
canaidh guth falaichte: '*Cats want Whiskas!*
O the meaty goodness of Whiskas!'

(Seadh, tha thu ann an ad airson Whiskas).

Corncrake

Off the road in Linicro there are corncrakes,
two maybe three calling, their *crex crex*
circling in the breeze.
                    You cannot see them
in the hay, their calls folded into the hems
of the fields, and so you climb the fence,
head towards the disused silo, the field dense
with life.
          In the undergrowth you hear voles
rustle in the reeds; overhead you know
a golden eagle hovers.
                        And when you pass
over the river, and are tugging through the tall grass
a hidden voice will say: '*Cats want Whiskas!*
Oh the meaty goodness of Whiskas!'

(Yes, you are in an ad for Whiskas.)

Crìoch na h-Ìompaireachd

Cha mhòr g'eil cuimhn' agam dol fodha
san amar-snàmh ann am Port-Rìgh,
air mo thàladh dhan domhainn le fleòdragain
ioma-dhàthte ceangailte mar phontoon,
far am biodh tu a' ruith cho fad 's is urrainn dhut:
a' ruith 's a' slaighdeadh 's a' tuiteam.

Àmar-snàmh na coimhearsnachd a bh'ann
agus slaodan do-mhillte dearg, gorm 's buidhe
nan strì mar phleataichean teactonaig
ann an crith-thalmhainn shuarach.
Cha do ruig mi an ceann thall.
Mu letheach slìghe thuit mi an tuaineil.
Air mo tharraing on uain' uain' uain'.

Sgur dheth.

Chan eil mi ag iarraidh na cuimhne seo.
Chan eil mi ag iarraidh fleòdragain glan an donais.
Tarraing suas a' dhrochaid-thogail.
Cuir ailigeutairean ann an staing na flò.
Cùm aon bhàta-aigeil an comhnaidh fad' fad' a-mach aig muir.

The End of Empire

I almost remember drowning in the pool in Portree.
Running in at the deep end
where multi-coloured floats
were laid out like a pontoon
for you to brave the slip,
the stumble, the fall.

It was the municipal pool,
red blue and yellow unsinkables,
struggling like tectonic plates
in an insignificant earthquake.
I never made it.
I tumbled off, dizzy, half way through.
Was dragged out of the pale pale blue.

Stop it.

I do not want this memory.
I do not want these bright damn floats.
Pull up the drawbridge.
Put alligators in the bewildered moat.
Keep one sub always far far out at sea.

Spirochaete

Tha e doirbh a chur an cèill
a' bhrisgeid seo, mar bhlàth choireil
neo groim a' bòrcadh air creagan,
briseach ach seasmhach,
a' sgròbadh tro chraiceann a' chinn

mar nàdar de dh'iongantas
a bheireas gu saoghal ùr thu
air gailleon reubte le rag-gèiltean,
na crainn do dhuilleógaibh dreasa
's na siùil mar nèapaigean robach

a' smèideadh, a' sìor smèideadh
mar a tha nàire a' sìor fhàs
fo shùil bheachdaidh Dhè,
A luchd-glèidhidh 's A mhaoir-chìse,
mar shlige-neamhnaid a' snìomhadh gu bith.

Tha dòigh aig eachdraidh. Tha caran ann.
Mar a bha fios aig Fracastro,
seo mar a tha meatafor a' fàs,
a' càrnadh, a' tarmachadh,
air bhleith agus air ithe le leòmannan,

mar dhìleab thairis air d' fhulangais,
ged a dh' fhàs e unnad, a' lagachadh
na th'unnad, agus fiù's do chlaban
a' fàs a bhìth na drùis, na làthach,
pleataichean-rùisg a' sgiorradh thar na boglaich.

Spirochaete

It is hard to imagine this fragility,
like a bloom of coral or polyp
budding on rocks,
anfractuous but resolute,
scraping through the scalp

like the kind of curiosity that takes you
to a new world on a gale-torn galleon,
its masts made of bramble-leaves
and its sails ragged handkerchiefs
waving, forever waving

as shame will always grow
under the attentive eye of God
his guardians and taxmen,
like nacre spiralling into being.
History has a way. There are twists.

As Fracastro understood, this is how
metaphor grows, through accretion
and accumulation, through erosion,
being eaten by moths,
as a legacy beyond your endurance

even though it grew in you,
as it weakens what you are,
as your skull becomes an ooze,
a sludge, plates of crust
sliding over a bog.

Feuchaidh tu guaiacum, airgead-beò, salvarsan,
ach fàsaidh e bhith tuilleadh 's doirbh
a chur an cèill gur ann mar seo a tha caochladh
a' faireachdainn: biorgadh 's crith;
leigeil leis, leigeil às.

Ruith bas do làimhe thar an sgarpa bhreacaich.
Thèid trup eile dhan a' bheàirn.

You might try guaiacum,
mercury, salvarsan,
but it will become ever harder to imagine
that this is what change feels like:
twitch and quake, letting be, forgetting.

Run your palm gently along that pucked ridge.
Go once more unto the breach.

Coille

Chan eòl dhomh ciod an t-slighe air a bheil thu
tron choille seo, ged a tha mi ag aisling
gu bheil mi a' faighinn plathaidhean
ded chraiceann tro ghorm nan geug

's ged a bhiomaid an dòchas gun stad sinn
aig an aon fhuaran, soillseach
ann am peàrlainn solais 's fuaime
le còisir smeòraichean òrdha

a' seinn glòir glòir glòir
a rud air choreigin,
tha cnapan dorcha tais
air chrochadh sna craobhan

agus tha mosg san adhar.
Chan eil roghainn againn sa chùis:
leanaidh sinn ar staranan
dha na lithean slìom romhainn.

Forest

I can't know what path you are on
through this wood, though I imagine
I see glimpses of your skin
through the blue of the trees.

We hope we'll end up
at the same pool, luminous
in its gauze of light and sound
with a choir of golden thrushes

singing glory glory glory
to something or other,
but there are dark sodden lumps
hanging from the trees

and there is must in the air.
We have no choice in this matter
and follow these treads:
dank stills are all that await us.

Prìobadh na Sùla

Tha mi a' coimhead fiolm air Tbh: muinntir Shiadair, Bhuirgh 's Ghabhsainn, cuid aca càirdeach rium ann an dòigh air chòireigin, air tighinn cruinn còmhla ann an Talla Bhuirgh gus fiolm fhaicinn, a chaidh a dhèanamh san sgìre sna 60an. 'S urrainn do chuid dhiubh iad fhèin fhaicinn ann, càch am pàrantan agus an seanairean agus seanmhairean, na guthan agus gluasadan aca cha mhòr air chall ach, a-nis, suas ann an sin air sgrìn mòr a' phroiseactair, nas meatailtiche agus nas luaithe na bha cuimhn' aca orra. Tha e air an t-sianal sin a bhios a' sealltainn dhuinn tionndaidhean dhuinn fhìn, air athchraoladh. 'S e seo an ceathramh trup a chunnaic mi e, agus tha mi a' feitheamh airson an deiridh, nuair a tha am fiolm deiseil agus iad a' dèanamh agallamhan le cuid, agus iad air an dòigh, mun chuimhn' a chaidh fhosgladh a-rithist. Air cùl gnothaich tha mo mhàthar a' cur air falbh na seathraichean.

Punctum

I am watching a film on TV: people from Shader, Borve and Galson, many of them my relatives one way or another, have been gathered together in the Hall to watch an old film from the 60s that was shot in the area. Some of them can see themselves on it; others their parents and grandparents, whose movements and voices they struggle to remember, but are there now on the big projection screen, the voices with a metallic quality, the movements slightly more hurried. It is on the channel that gives us versions of ourselves, repeated over and over. This is the fourth time I have seen it and I am waiting for the end, where the film is finished and people are being interviewed, elated, about the memory that has been re-opened. In the background my mother is tidying away the chairs.

Maois (n.)
i.m. Ciaran Carson

Leth-mhìle sgadan ann an lìon, a' flodraigeadh air cùl d' eathair. An lìon fhèin. Cuideigin a' sheallas dhut Tìr a' Gheallaidh. Fuaim nan itean a' plapadh nan ròpan. Nach tu a' tha fàs sean? Ann an Albais 's e mease a th'ann: a' ciùineachadh, a' sèimheachadh. Mease neo maze. Lean ort. Dèan prìosan ded gheallaidhean. Lorg slìghe às.

Maois (n.)
i.m. Ciaran Carson

Five hundred herrings in a net, floating behind your skiff. The net itself. Someone who will show you a Promised Land. The sound of their fins, flittering the wires. Aren't you growing old? In Scots it is a mease: to pacify, to calm. Mease or maze. Go on yersel. Make a prison from your promises. Find your way out.

An Suidheachadh as Fheàrr airson an Dàn seo a Leughadh

Bidh thu ann an cuisle, air do chòmhdach gu tur
ann an geal suaicheanta, a' siubhal le corra mìle
de do luchd-eòlais as fhaisge

gu rudeigin coltach ri solas,
seagh, adhbhar, math coitcheann.

Bha thu trup nad fhàireag, nad chnàimh,

agus a dh'aithghearr bidh thu, ann an *extremis* dàilte,
nad aonar. 'S math dh'fhaoidte gur e seo do bhrìgh.
Cha tèid a chuir an cèill nad fhaclan fhèin.

The Ideal Conditions for Reading this Poem

You'll be in a vein, dressed all over in heraldic white
and travelling with a few thousand
of your nearest acquaintances

towards something that appears to be a light,
a point, a purpose, a common good.
You were once lymph, you were once bone,

and soon you'll be, in deferred extremis,
alone. This may well be your meaning.
It won't be expressed in words of your own.

Baresi

Tha gach rud 's eòl dhomh mu mhoraltachd 's dleastanas an urra ri Franco Baresi a' tarraing cudeigin sìos far a' bhall' air *Football Italia*. Sheachnaich sinn Sgòil Shàbaid a dh'fhaicinn.

Ciod is crìoch àraidh do'n duine? Dia a ghlòrachadh, agus a mhealtuinn gu siorruidh. Tha Dia 'na spiorad, neo-chrìochnach, bith bhuan, agus neo-chaochluidheach. Is e fìreanachadh gnìomh saor ghràis Dhé air a ghabhail thugainn le creidimh a mhàin. 'S e peacadh briseadh lagha Dhé.

An àite na ceud fhreagart seo air ar meomhair, an àite saorsa na h-Eaglaise Saoire, bha Baresi. A' clipeadh adhbrann winger nas luaithe na, a' gearain mu cho mì-mhòdhail sa bha grabhataidh. Baresi, a' seasamh air òrdagan an aireamh 9 aig cornair, a' cuideachadh luchd-dùbhlain an àirde le ghaoisid-achlais. Baresi. An cuideachd an diabhail 's làn-fhios aige. A' faighinn às leis.

Bha mi air mo bheò-ghlacadh. Chan e cothrom na Féinne a th'ann am ball-coise ach seo – mealladh, cùil-bheart, feall. A' toirt car à laghan Dhé, à laghan FIFA. 'S e am bunait luachan Coirinteach, le làn fhìos gur e *korinthiazesthai* – a bhith beò mar Choirintich – a' ciallachadh a bhith beò le raipeas raoiteach mì-mhoralta.

Nuair a smaoineachas mi mu dheidhinn ball-coise chì mi Baresi – Baresi lem aodann-sa – na sheasamh aig an Acropolis ann an Corinth a' cuir mìle siursach, balaich agus clann-nighean, sios à teampall Aphrodite dha baile nam maraichean fodha. Gaire dùbailte air ar n-aodann, a' coimhead air an saoghal a chruthaich sinn.

Agus sin, gus do cheist a fhreagairt, an adhbhar a tha mi freagarrach airson na dreuchd-sa, a' malairt bathair-aimh ann am Banca Companaidh Anart Bhreatainn.

Baresi

All I know most surely about morality and obligations I owe to watching Franco Baresi take people down off the ball on *Football Italia* in the early 1990s. We skipped Sunday School to watch him.

What is the chief end of man? Man's chief end is to glorify God, and to enjoy him forever. God is a spirit, infinite, eternal, and unchangeable, in his being, wisdom, power, holiness, justice, goodness and truth. Justification is an act of God's free grace, wherein he pardoneth all our sins, and accepteth us as righteous in his sight, only for the righteousness of Christ imputed to us, and received by faith alone.

Instead of these hundreds of answers on our tongue, instead of the freedom of the Free Church, we got Baresi, clipping the heels of a winger faster than him, shrugging about the whims of gravity. Baresi, standing on the number 9's toes at a corner, helping opponents up by their oxter hair, shouting 'Offside' and making the world stop. Baresi, of the devil's party and knowing it. Getting away with it.

I was besotted. Football is not about fair play but this – deception, trickery and cheating, taking the piss out of the laws of God, out of Fifa. Nutmegging. Those Corinthian values. The knowledge that the Greek *korinthiazesthai*, to 'live like a Corinthian', means to 'live with drunken and immoral debauchery'.

When I close my eyes and think of football in its purest form, I imagine Baresi – no, Baresi with my face – standing in a toga at the Acropolis in Corinth, sending hundreds of prostitutes, boys and girls, down to the docks to the waiting sailors. Smiling ambiguously at the world we have created.

And that – to answer your question – is why I think I am suited to a position here in the commodities trading section of the British Linen Company Bank.

Nàdar de mhìorbhail

Chuir e iongnadh orm agus mi air Google,
na bha agam ri ràdh mu inimrich
dha Saskatchewan, Île Jesus
Quebec 's a' Chrois Niceal,

gun robh 'fionn-sgoth' air an *parnassia palustris* –
a chleachd mi, mar Moluaig 's Hopkins,
gus Dùthaich MhicAoidh fhuadach
gus Cumbria a chomhdach

gun do phòs mise cuideachd
ann an oifis na clàraiche ann an Dùn Dèagh
fear-cunntais à Swindon – Terry –
aig trì uairean feasgair an dè.

Chan eil cuimhne agam fiù's òrdughan a ghabhail
ge boil le fichead bliadhna
a chuir seachad ann an coithional
air bruaichean Lough Neagh.

Tha e coltach gu bheil mi
nam nàdar de mhìorbhail air *YouTube*,
a' dèanamh mìm ri fàclan òran *pop*
à meadhan-ear na h-Eorpa

vrei să pleci dar nu mă, nu mă iei,
nu mă, nu mă iei, nu mă, nu mă, nu mă iei
gus an call mi na faclan
gus an call mi mo shlìghe.

Tha eagal orm g'eil mi nam algorithm.
Chan urrainn dhomh mi fhìn a chuideachadh.
Chan urrainn dhomh stad.

Something of a Sensation

It was news to me to find on Google
my opinions on migration
to the Nickel Belt, Quebec,
Île Jesus, Saskatchewan,

that it was the the 'Grass of Parnassus'
I used, like Moluag and Hopkins,
to clear every last cranny
in Sutherland and Cumbria

that I also got married
yesterday afternoon
in a registry office in Dundee
to an accountant from Swindon called Terry.

I don't remember taking orders
or even communion,
let alone spending twenty years
a parish-priest by Lough Neagh.

It appears I have become
something of a sensation
miming to the words
of East-Central European pop:

vrei să pleci dar nu mă, nu mă iei,
nu mă, nu mă iei, nu mă, nu mă, nu mă iei
until halfway through I lose track,
lose my way.

I fear I am become algorithm.
I cannot help myself,
I cannot stop.

Atlanta, Georgia

Cha robh mi air fuireach ann am motel roimhe
's cha robh dùil agam ri fèithean mòra a' dealraich fo
muscle tops a' smocadh air an uilinn thar bhalconaidhean.
Bha guradh ann an sin agus coltas dualachd;
chaidh cab fhàgail eadar na curtairean gus am biodh
na sgàthanan bàn a' sealltainn beagan de na leapannan.
Shìorraidh, bha e cho tais 's gun robh sinn fèir a' feitheamh airson stoirm.
Tron latha bhithinn a' coiseachd cabhsairean
nach deach a chruthachadh airson coiseachd,
thar aibhnichean a' clìobadh fo rathaidean sia lànaigeach,
thar nan gèadh a' gabhail anail nan imreachd.
Air neo a' siubhail air Marta le na Meagsagaich
agus a' coinneachadh draibhearan Über air an oidhche
a bha uile a' gabhail iomagain mun dà losgadh
aig prom a' mhìos seo a-mhàin. B' e sgrìobhadairean
agus riochdairean ciùil a bh'unnta uile, tron là.
Thomahawk mo ghàirdean ri na Braves. Bhuail mi
mo bhasan airson a' ghaisgich air thilleadh dhachaigh.
Sheinn mi Na Na Nanana Na Na Nah coltach ri ceòl-cùil
à Hollywood. Anns na taighean-seinnse bha cuid
a' bruidhinn mu sgaradh culturail ach nam choiseachd
bha làn fhios 'am gun robh corra sgìre, geal 's dubh,
far nach robh còrr agam a bhith, ge boil le bhith cultarail ann.
An oidhche bha mi as coltaiche rium fhìn b'ann le tar-èidiche
à New York agus a bràmar a' seinn òrain às na 80an
san *Rusty Nail* agus a' faighinn jokes bhuapa: *How many trannies does it take to change a light bulb?* Am faigh mi às
le bhith 'g innse seo? Chan e mo phunch-line-sa a th'ann.
Chan eil na tha aig fir gheal' iol-ghnèitheach
ri ràdh mu dheidhinn gaoil no feise inntinneach idir.
Seadh, thàinig sinn uile còmhla leis gu bheil gaol againn
air blas Choke. Cuiridh mi dheth an t-solas,
fosgladh mi na curtairean, beagan nas fhaide.

Atlanta, Georgia

I'd never stayed in a motel before and didn't expect
pecs glistening under muscle tops leaning
over the balconies, smoking. There was brooding there
and a sense of possibility; curtains were left slightly open
so that the mirrors would look onto blank corners of beds.
God it was so humid we were just waiting for a storm to break.
During the day I'd walk pavements not designed for walking
over rivers stumbling beneath six lane highways
and the geese paused mid-migration. Or ride on the Marta
with Mexicans and at night meet Über drivers all worrying
about the two shootings at prom nights this month alone.
They were all writers and music producers, by day.
My arm tomahawked to the Braves, I clapped
the homecoming hero, sang Na Na Nanana Na Na Nah
like a Hollywood-backing track. In bars, people talked
about cultural segregation but walking I just knew
there were some areas, white and black, I wasn't meant to be in,
let alone be cultural in. The most myself I got was
with a New York transvestite and her boyfriend
singing along to 80s hits in the *Rusty Nail*, and being told jokes:
How many trannies does it take to change a light bulb?
Can I get away with this? It's not my punchline.
What straight white men have to say about sex
isn't interesting at all. Yes, we are all brought here together
by a shared love of the taste of Coke. I'll switch off the lights,
tug the curtain open, slightly further.

Hotel Nacional de Cuba

Tha blas na sean-ìmpireachd air Hotel Nacional de Cuba,
na làithean ro rèabhlaid Chastro de chasinothan agus chocktails
air a' phatio, na pailmean a' crith fo na reultan.
Làithean de staisean agus anart-bùird cho rianail.

Ri ar taobh tha triùir nan suidhe, dithis fhear agus tè og a tha na gul,
gu sàmhach. Tha còltas na feise orra, an dithis seo à na Stàitean
agus tè nas lugha, nas duirche; dhaibhsan tha i a' coimhead coltach
ri tiodhlaic ceumnachaidh neo comharra de rudeigin

ach dhith fhèin tha e mar gu bheil i air ùr-mhothachadh
gur e seo an staing anns an do lorg i i fhèin.
Tha sinne nar luchd-turais 's chan e ar dleastanas a th'ann,
neo ar còir, dad sam bith a ràdh. Tha an dithis fhear a' cur car

air na Cuba Libres aca, gun fhacal. Tha sinn fhìn fèir
a' dèanamh an aon rud. An dèidh greis, agus i air an ranail stad,
tha am fear òg a' cur grèim air a làimh 's tha iad a' dol a-steach.
Tha athair a' lasadh siogar.

Hotel Nacional de Cuba

The Hotel Nacional de Cuba has the air of old Empire:
those days before the Castro revolution of casinos and cocktails
on the patio, the palms quivering beneath the stars;
those days of moustaches and regular linen.

Beside us three people are sat, two men and a girl
who is crying quietly. It whiffs of sex, this pair
from the US, and the girl, smaller and darker:
she looks like a graduation present or a sign of something

and also as if she has only now realised that this
is the impasse she's found herself in. We are tourists
and don't have the right or responsibility
to say anything. The two men wordlessly stir

their Cuba Libres; we do exactly the same.
After a while, after she stops crying, the younger man
takes hold of the girl's hand and goes inside.
His father lights a cigar.

The Great Exhibition

Uair sam bith a bhios luchd-obrach agam
bheir mi a-mach na dealbhan loma:
Botticelli agus Titian fuadain,
foto mo chiad ghràidh 's a nighean
ann an stoidhle Birkin le Newton,
sgioba rugbaidh ann an sauna
ann am boitean 's ògain stotha,
agus – cha mhòr gun gabh aithneachadh –
air a' ghoileadar, mi fhìn,
ann an ad Phanama, le bod cruaidh;
agus ged nach biodh cridhe agam
bruidhinn mun a sheo ri daoine-sam-bith
am fochair a chèile, bu toil leum smaoineachadh
air na fir, air ais san Transit,
a' crathadh an cinn le – canamaid – iongnadh.

The Great Exhibition

Whenever I have workmen round
I change the pictures,
bring out the nudes:
knock-off Botticellis and Titians,
photos of my first love and her daughter
in the style of Newton's Birkin,
a full rugby fifteen in a sauna
touched by tendrils of steam,
and – barely make-out-able – on the boiler,
me, in a panama hat, with a hard on;
and though I wouldn't dream
of speaking of this to anyone in the raw,
I like to think of the men back in their Transit,
shaking their heads in – let's say – awe.

Operation Cauldron

Cha b'e luchd-saidheans an MOD
a sgaoil aillsean fàireige 's stamaige 's sgamhain
– co-dhiù air na h-eileanan-sa – ach dust Chernobyl
a laigh – lèir no fàillidh – air gach duilleag labhrais,
air a' chostag fhillte, air a' lus-leighis.

Operation Cauldron

It wasn't scientists from the MOD
who spread cancers of the gut and lungs and glands
– at least not on these islands – but dust from Chernobyl
that lay for weeks unseen on each bay leaf,
on the fretted chervil, on the weeds.

Nàdar de

"Chan eil ùidh agam ann am faclan", thuirt e, "ach gnìomhan ath-aithriseil a-mhàin, an dòigh sa bhios na tha sinn a' dèanamh trup sa rithist gar cruthachadh 's gar dealbhadh. Fad bhliadhnaichean bha mi beò-ghlacte le ban-dia Mhinoan, ban-dia nan nathrach, mar a chum i a gàirdean crom, ceart-cheàrnach, a' tomadh suas. Bhithinn ga h-atharrais fad ioma uair a thìde, cinnteach gum faighinn nàdar de lèirsinn às, iuchair fiù's no taimh-neul. Nuair a dhùin mi mo shùilean, bha mi'n dòchas gum biodh mo chumadh rùisgte a' co-measgachadh le cumadh a' bhan-dia, mo chraiceann a' fàs a bhith na criadh gloinichte, gach cearb san fhaience sgaoilte trom chnàmhan. Cha robh riamh agam – dè mar a chanadh tu? – soirbheas. Ach bha mi glacte leis a' phròiseas."

Thàinig e air ais thugam aig cur-air-bhog taisbeanaidh aig Colaiste Ealain Dhùn Èideann nuair a chur fear, an deoch air, a bheul ris an uinneag gus a ghlainne a phògadh, mar gum b'e *grail* a bh' ann no alembic no pràiseach, agus an clàbar na chriostalan choimeasgte à deuchainn: fìrinn a bha air chall leis agus – a-nis – air a lorg.

Some kind of

"I have no interest in words", he said, "only repeated actions, the way what we do over and over again shapes and moulds us. For years I was taken by a Minoan snake goddess, how she held her arms bent at right angles, pointed upwards. I'd imitate her for hours, sure it would bring some kind of insight, a key, at least bring on a trance. When I closed my eyes, my naked form merged with hers, my skin became her glazed clay, all those imperfections in the faience interspersed with the flecks in my bone. I never had what you might call success. But I was enamoured with the process."

He came back to me at the launch of an exhibition at the Edinburgh College of Art when a man, clearly off his tits, pressed his lips against the window and kissed, as if it was a grail, or an alembic, a crucible, and the dirt the crystallised compound of an experiment: some ungainly truth he had lost and now, inadvertently, found.

Air Eadar-Theangachadh on Tùs

Fo sgàth mhòr nam Pyrenees,
Bucardo, adharcan airgid air
toinneamh ann an casan-cairbe na tìre,
brùite fo chraobhan-laighe. Biadh lammergeier,
leòmann-seabhag an drannd-eun,
air àirdean Monte Perdido.

                        Bucardo,
giob feusaige a' balgadh aiste
mar ealain, a' putadh na shades
air ais air a h-adharcan, a' gabhail balgam
às a Bacardi 'n coke, 's gad thoirt a-nuas
gu cop do ghlùin le crathadh a crubha.
San cùlaibh, sgiamh caillte chickadee
a' claonadh à neamh: *dìd dìd*
dìd dìd dìd.

            Thogadh DNA
a' Bhucardo mu dheireadh – Celia,
an tè à neamh – dha obair-lannan
ann an Zaragoza 's Madrid:
niùclasan air an stealladh
ann an 7 uighean còsach gobhair,
uighean beò-reòite.

                     Tha loidhnichean-
chearbaidh a' Bhucardo mu dheireadh
a' sealltainn mùthadh *mòr*
na h-obair ealain: na sgiathan clapaidh
's na adharcan claointe, na liopan
yin 's yang air an cur à feum
le riaghailt nan trìthean.

Translated from the original

In the shade of the Pyrenees, a bucardo,
silver horns twisted in the sunlight,
lies crushed beneath fallen trees,
high on Monte Perdido:
food for the humming bird
hawkmoths, the lammergeiers.

      Bucardo –
shags of coarse beard jutting out
like an artwork – pushes her shades
back on to her horns, sips from a Bacardi
and coke and gestures you down
to your knees. The lost squawk
of chickadees wheeling from heaven:
deed deed deed deed.

     DNA from the last
Bucardo – Celia, the one from heaven –
was taken to labs in Zaragoza and Madrid,
injected into seven emptied goat eggs
retrieved from the deep-freeze.

      The faultlines
of the most recent Bucardo mark
a *major* change in the direction of her ouevre:
those flapping wings and twisting horns,
the lips of yin and yang rendered obsolete
in the rule of threes.

Dh'aithnicheadh an òigridh
an t-earrach le tilleadh nam Bucardo
dhan a' choille dhlùth. Fuaim ùird air staoin
's sionc a' sruthadh air a' ghaoith.
Fiar-shùilean nan nabaidhean.
Rudeigin grad tugta. Sgrìd
rudeigin. Airgead air basan,
leòmainn a' sealg ris a' ghealaich.

Dhen
seachd chlònaichean Bhucardo, bhàsaich 6 dhiubh
cha mhòr san spot. Cha robh an tèile
ach tiotag beò, cnap
air a sgamhan cho tiugh
ri grùthan, grùthan Sheumais Cantlie.

'S e seo am foto
mu dheireadh de Bhucardo bheò: Ò
seall fios nam fàdh na sùil. An cruinne uile
air teannachadh gu bìdeag frìth',
car giuthais ris an do chuir i cùl.

                    The young
would measure the spring
by the coming of the Bucardo
to the nearby wood. The furtive glances
of neighbours. Something
unexpectedly given; the last
of something. Hands crossed with silver;
moths hunting in moonlight. The sound
of hammer on tin and zinc rivering
through the trees.

                Of the seven,
only one Bucardo clone survived to
term. It died within minutes:
a lobe on its lung as solid as liver,
the liver of James Cantlie.

                    This is the last photo
of a live Bucardo. O, see the forewarning
in her eyes. The entire globe narrowed
to a sliver of forest, a twist of pines
where she quietly slides to her knees.

Saorsainneachd

Come up and see me later, chagair mi, a' caogadh le mìogan,
a' cuir *business card* na balgan,
seomar 83 sgrìobhte air a' chùl.
Cha b'ann gus an ath-mhadainn nuair a dhubh
mi a-staigh dhan t-saoghal a-rithist nam aonar
ann an 44
a mhothaich mi gun tàinig an cairt à co-labhairt
eile far an do dh'fheuch mi ri fèin-malairt.
Cha tug mi aire sam bith aig bracaist
nuair nach do nochd i ann an *Café Marrakesh*
ach an ceann là nuair a chaidh na puist-d timcheall
ag ràdh gun do chaill i a h-iteal,
agus nach d'fhuair i idir dhachaigh
an oidhche ud no oidhche sam bith
eile, thòisich mi a' beachdachadh air dè dìreach a lorg i
ann an 83,
de seòrsa bleigeard, slaightear, troc a bha feitheamh an sin

       agus sin –
a' gabhail rathad aithghearr
nuair a bhiodh rathad fada na b'fheàrr
gu cnag na cùise – an adhbhar
a tha mi a' dol gu tuath thar Drochaid-rathaid Fhoirthe
a' dèanamh 90 mile san uair,
Transit dubh air mo chùlaibh,
peilearan a' deanamh kaleidoscop dem uinneig
agus ann am mìrean mo thuig-
se tha mi an ìmpis mothachadh

Redemption

Come up and see me later I husked, winked and schlocked
a business card into her pocket
(room 83 written on its back).
And it was only the next morning when I'd blacked
out then in and woke alone in number 44
I realised the card was from another conference sometime before
in which I'd tried to have a 'casual encounter'. I didn't think twice
when she didn't make it to the Café Nice
for breakfast, or when we delegates returned to our daily grounds,
but when the emails started going round
that she had not checked out, had missed her flight,
and never made it home that or any other night,
I started wondering what it was she found
in 83, what smuggler, meth-head, scoundrel
lurked in there.

          And that, to cut
a story shorter than I ought,
is why I'm now doing 90 north
across the Forth
Road Bridge, an anonymous
Transit on my tail. Bullets kaleidoscope my windaes,
and as the wheels spin into smithereens
I realise

                                  nach bu chòir bàrdachd
a bhith mar seo, bu chòir dhi barrachd
a dhèanamh le faclan: bu chòir 'caogadh'
sa chiad loidhne a bhith 'caochladh' no 'aogaidh'
gus a sealltainn gun do rinn mi mearachd,
gun deach mi air chall nam mheadarachd.
Agus cha bu chòir dhi a bhith cho bragail
's làn de mhuirt 's *meths* 's brìodail,
's cho coma-co-dhiù mu bheatha 's bhàs
                                            mar gun
do shlaod mi mo chorp air ais a-steach
dhan bhalla mheatailt, agus choisich mi a-mach
às a mharbh-lann dhan a' phàirc tarsainn a' rathaid,
agus anns an àite bhàrdail sin
le 's-dòcha-iseanan mì-dheònach sna geugan
thoisich mi a' smaoineachadh gun robh leithid a rud
ri saorsainneachd ann mu dheireadh thall

                          this is not how poetry should be.
Poetry should do more with words.
'Husked' in the first line should be 'unhusked' to show I'd erred,
I'd given myself away, let something slip.
No way should there be all this plot and lip
(I need to lose the guns, the sex and meths
and be less casual with life and death).
                                                            As if
sliding my corpse back into the metal wall,
I walk out of the morgue into the park
across the road, and in that place of poetry,
with maybe-birds reluctant on the boughs,
realize there's such a thing as redemption after all

Tiotalan Deireannach

Tha an crann air oir Phàirc Holyrood
cho trang ri cidhe, na suidheachaidhean
ann an sreath air sreath mar bhogsaichean loingeis
ann an cruach sealach, ann an trasnadh;
laiste air beulaibh croit dhorch an t-Suidhe
tha iad nan loidhne sgàthanan air cùl an àrd-ùrlair
far an cuireadh còisir crìoch air an cuid
rìomhachais ro cheum a ghabhail a-mach
dha na solais-coise. Tha gach neach-naidheachd
sa spot as fheàrr, gun ach sia troighean eatorra,
a' phàrlamaid air an cùlaibh, a' fàs ciar
agus glòmach. 'S e 7 uairean feasgar a th'ann.
Tha mi a' cluintinn, tha mi smaoineachadh,
Seacais, Spàinntis, tri seòrsachan Beurla.

★

Tha mi ann gus bruidhinn air Raidió na Gaeltachta,
gus 'eòlas' a thoirt seachad ann an nàdar-de-Ghaeilge,
agus beagan saorsa agam dè chanas mi: tha gach
taobh aca mu thràth o BPA no seann-BhPA
(Làbarach agus Nàiseantach); tha fear-naidheachd
a' BhBC ann airson neo-chlaonachd. Obair *freelance*,
beachd le saorsa na lannsa. Ach dè tha ri ràdh?
Cuin' a bhios reifreann eile ann? Chan eil ann ach a bhith
ri gàire. 'Och, ri mo linn-sa. Chan eil aon dhiubh gu lèor
airson beatha sam bith.' Air an t-slighe dhachaigh,
a' dol seachad air baidean bheaga fhathast ann an teis-
meadhan deasbaid, air an suaineadh ann am iomadh bratach,
seachad air Tearlach II, Smith, Ferguson,
Alexander, Hume, chan eil mi idir cho cinnteach.

End Credits

The rigging on the edge of Holyrood Park
is busy as a dock, the positions
row on row like shipping containers
stacked, temporary, in transit.
Lit up against the dark hump of the Seat
they are a wall of backstage mirrors,
where a gigantic chorus line would finish
applying their make-up before stepping out
into the footlights. Each reporter
is barely six foot apart, each in a prime spot,
the parliament huddling behind them,
growing dusky and indistinct. It is 7 pm.
I can hear what I think is Czech,
Spanish, three types of English.

*

I'm here to talk on Radio na Gaeltachta,
to give expert opinion sort of as-Gaeilge,
and have some freedom to what I can say:
both sides are covered by MSPs or ex-MSPs
(Labour and SNP); there is a BBC journalist
for impartiality. A strictly freelance basis,
freedom like a *lanza*. But what is there to say?
When will there be another referendum?
There's nothing for it but to laugh. 'Och,
in my lifetime. One is never enough for any lifetime.'
Walking home, I overhear conversations
deep in huddles, still wrapped in various flags;
I pass Charles II, Ferguson, Smith, Alexander,
Hume on my way, and I'm not so sure.

★

An dèidh corra seachdain, tha an Lang Rig
na òmair' loisgte 's sienna ann an dol
fodha na grèine. B' urrainn seo a bhith an àite sam bith,
ach chan eil. Tha na cùrsairean-geàrra
air ais air Suidhe Artair, a' spleuchdadh
sios air Boglach an t-Sealgaire, far a bheil –
a-measg a' chnò-lèana agus bioran
nan lusan gann – strìochan donn nan lainnir
a' fighe air falbh cho luath ri earb,
dà bheathach cha mhòr le aon rùn.
'S dòcha gum b'urrainn dhut an t-seisg ud
a bhannadh ri chèile mar shàbh no fhreagairt.
Às an amharc tha na mialchoin,
ann an sunnd no fearg, a' deànamh ulfhairt.

★

Weeks later and the Lang Rig
is burnt umber and sienna as the sun sets.
This could be anywhere, but isn't.
The hare-coursers are back on Arthur's Seat:
men standing alone, shifty, squinting
down on Hunter's Bog as – in amongst
the marsh cinquefoil and the fewflower
spikerush – brown streaks glimmer
and weave off at breakneck speed,
two animals almost with one thought.
Perhaps one could take that sedge
and bind it into a salve or answer.
Somewhere in the bushes, out of sight,
a whippet gowls, in joy or anger.

Ma tha thu air ruighinn cho fada seo

Ma tha thu air ruighinn cho fada seo,
's cinnteach gun d'fhuair thu iasad air baidhg
gus rathad na mòine a ghabhail, seachad
air an loch 's a' chrannóg, tro na muilnean-gaoithe,

's tarsainn na mòinteach gu far am bi na Klondykers
gu bràth air acair far a' chosta,
far an do chuir thu romhad fàgail,
le do mhàla-droma làn ìomhaighean d'òige –

pacaid *Space Raiders*, briogais corduroy,
catalog *Freeman's* agus *Great Universal*,
faclan mallachd Ruiseanach 's Gearmailteach
ann an leabhraichean Sven Hassel –

agus tro theudagan optic, cheanglaichean trèan deann,
theicneòlas choimpiutair 's saideal,
bhriseadh casgan-astar, agus *doublethink*,
fhuair thu lorg air an t-sràid seo, sràid bhaile làn sgudail;

air a' chabhsair taobh a-muigh an dorais
bidh thu air am baidhg fhàgail, a chuibhle
a' dol tuathail ann an tàmh an adhair,
anns a' hàr, ann an eachdraidh chultarail a' hàir.

Ma tha thu air ruighinn cho fada seo,
's cinnteach gun do dh'atharraich thu gu tur
cò thu, do chànain a mhalairt air adhart 's air ais
aig ciad comharra bhagraidh no chunnairt

gu rudeigin còltach ri cainnt do mhàthar
rudeigin air an robh thu eòlach o d'òige,
agus tha agad ri aideachadh ann an tais
an sìor-chiaraidh nach do dh'fhuasgail thu fhèin

If you've got this far

If you've got this far, you must have borrowed
a bike to make it past the loch and its crannóg
on the peat road through the turbines over the moor
to the bay where klondykers lie anchored off-shore

your backpack full of childhood icons –
a packet of *Space Invaders*, corduroys, a rusted 3-iron,
Freeman's catalogue and *Great Universal*,
the Russian and German swears of Sven Hassel –

and through optic fibres, high-speed train-links,
computer and satellite technology, speeding and doublethink
found this trash-filled street. On the kerb outside the door
you'll have left the bike, one wheel spinning in dead air,

in the unrelenting haar, in the cultural history of that haar.
If you've got this far, you must've utterly changed who you are,
switched languages and switched back
at the first sign of threat or attack

into something that will pass for a mother tongue,
something you think you remember from when you were young.
But now in the night-damp of this forever evening air
you realise you've let fewer people than you'd care

to admit possess you: ripples welt up under your skin
from the memory of your and their sins
against the undimmable light. But all of this you can dismiss
as the creating of unnecessary fuss

for if you've got this far you've learnt to treat
open wounds as scars, learnt not to hope for the sea.
Ignore the smooth, ignore the rough.
If you've got this far, that's far enough.

le na h-uidhir de dhaoine sa bhiodh tu 'g iarraidh.
Bidh do chraiceann na bhroth le luasganan
cuimhne 's ciont' airson peacaidhean
agad fhèin no acasan an aghaidh an t-solais.

Ach seo uile 's urrainn dhut caitheamh a-mach
mar dhearmail mhòr mu rud beag:
ma tha thu air ruighinn cho fada seo
thu air ionnsachadh a bhith dèiligeadh

ri leòntan fosgailte mar eàrran,
gun a bhith sùileachadh an còrr.
Leig seachad na tha curs, na tha rèidh.
Ma tha thu air ruighinn cho fada seo, sin fada gu leòr.

Notaichean / Notes

'Impenetrable Lynchian Title Sequence'. Tha seo a' cleachdadh corra abairt o Fhoirgheall Obar Bhrothaig.

'Morgellons'. 'S e sionndram a th'ann am Morgellons far a bheil daoine a' creidsinn gu bheil iad a' fulaing fo bhuaidh meanbh-fhrìdean neo parasaitean, no rudan eile a bhiodh a' cur cais' air a' chraicinn – mar ghaoisid air neo teudag.

Tha 'Operation Cauldron' agus 'Operation Hesperus' a' cleachdadh gu mòr stuth o fhiolm a rinn Ministreachd an Dìon ann an 1952 leis an ainm 'Operation Cauldron' (www.youtube.com/watch?v=CPA_yce0Swg); tha 'Operation Hesperus' cuideachd a' cleachdadh abairtean o 'The Wreck of the Hesperus' le Henry Wadsworth Longfellow.

'Sù Marbh / Dead Zoo': Bidh iad a' cur an 'Dead Zoo' air Taigh-Tasgaidh Eachdraidh Nàdair ann am Baile Atha Cliath.

Thàinig corra phuing ann an 'Sìoda / Silk' o *South from Granada* (1957) le Gerald Brenan.

Tha 'Spirochaete' an comain *Syphilis sive morbus gallicus* (1530) le Girolamo Fracastro a chleachd am facal 'syphilis' airson a' chiad uair, agus a thug seachad corra leigheas airson a' ghalair. Chaidh an dàn a sgrìobhadh mar fhreagairt air claignean a tha a' nochdadh anns an Taigh-Tasgaidh Hunterian ann an Glaschu.

'Nàdar de Mhìorbhail / Something of a Sensation'.
Tha seo a' cleachdadh sèist *Dragostea Din Tei* le
O-Zone (2004).

'The Great Exhibition'. Faic am pamflaid dìblidh sin le
W.B. Yeats, *On the Boiler* (1937).

'Saorsainneachd / Redemption'. Faic Maurice Merleau-
Ponty: 'A regime which is nominally liberal can be
oppressive in reality. A regime which acknowledges its
violence might have more genuine humanity'.

Taing / Acknowledgements

Tha mi airson mo thaing a thoirt dha luchd-deasaiche nan ìrisean-sa, leis gun do nochd cùid de na dàin unnta sa chiad dol-a-mach: *London Magazine, New Writing Scotland, Northwords Now, Steall, Tuath, The Poets' Republic*. Chaidh 'Canal an Aonaidh / Union Canal' agus 'Roseneath' iarraidh le Russell Jones agus Claire Askew airson *Umbrellas* of *Edinburgh*, 'Spirochaete' le Alan Riach airson *The Hunterian Museum Poems*, 'Baresi' le Doug Johnstone airson tachartas ann am Barga, 'Beathaichean Coille an Fhàrdain' le Andrew Blair agus Ross McCleary airson tachartais aig Leabharlann Bàrdachd na h-Alba, agus 'Ma tha thu air ruighinn cho fada seo / If you've got this far' iarraidh le Robert Crawford airson a' phròiseict Loch Computer. Agus tha mi fada an comain Agnes Rennie agus Margaret Ann Macleod aig Acair, Comhairle nan Leabhraichean airson taic a chumail ris an leabhar, agus Derek MacAoidh, Niall O'Gallagher agus Miriam Gamble airson beachdan a thoirt seachad mu na dàin.

Molaidhean agus mì-mholaidhean

'am bàrd òg Gàidhlig as fheàrr a th' againn an-diugh ...
oighre Iain Mhic a' Ghobhainn'
  The Scotsman [Raghnall Mac Ille Dhuibh]

Peter Mackay's is one of the brightest and most provocative minds in the world of Gaelic literature today. His work is by turns beautiful, startling and insightful. More than ever, Gaeldom needs eloquent, characterful and challenging writers of Mackay's calibre. His work is a great gift to Gaelic and English readers alike.

  Kevin MacNeil

Peter Mackay's work inhabits a 'trans-historical' landscape, criss-crossed by journeys between the modern metropolis of his working life and the Lewis of his younger years, recouped in poetic sorties in a language whose names and nouns contain the 'scorings of different cultures: Norse, Gaelic, Scottish, Anglo-Saxon'.

  Iain Galbraith and Robyn Marsack

Beachdan air *Gu Leòr* (2015)

An imaginative and innovative poet in Gaelic and English with the sensibility of a native speaker and an astute reader of poetry. The voice of the work here is lyrical and cogent, achieved through stratagems such as intertextuality; near-translation; bilingual sensibility; classical allusion; lists; and exotic vocabulary. This is an intelligent, measured and powerfully resonant collection, with a maturity far beyond that of a poet publishing his first full collection.
  Rody Gorman

a fantastic book of poetry
  Ian McMillan, The Yorkshire Post

'S e bàrdachd sgoilearail a tha seo agus MacAoidh a' foillseachadh gu bheil e foghlamaichte agus mòr-leughte. 'S e an duilgheadas nach fhaic mi tòrr mòr Ghàidheal a leughas gu h-èasgaidh ach a dhà neo trì pìosan. Tha an cruinneachadh seo tuilleadh is dùinte is toinnte is àraid, co-dhiùbh dhomh-sa dheth.
  Liam Crouse, Dàna

[This is academic poetry, and MacAoidh is flexing his intellectual might. The problem is that I can't see many Gaelic speakers reading more than a few pieces of this collection, due to their – in my opinion – intricate and obfuscating nature.]

chòrd cuid bheag dhe na dàin seo rium, ach b' e briseadh-dùil a bha sa cho-chruinneachadh seo san fharsaingeachd. uaireannan bha MacAoidh a' feuchainn ri cus, ri bhith ro ~dhomhain~ seach a bhith a' sgrìobhadh ann an dòigh a bhiodh nàdarra dhasan agus dha chuid dàn. uaireannan b' e dìreach nach eil na tha aig fir gheala iol-ghnèitheach ri ràdh mu dheidhinn gaoil no feise inntinneach idir.

Nathaniel, Goodreads